Claas N. Burgfried

Gott, Du fehlst!

Über das Buch

Sind Sie gläubig?

Diese Frage wurde mir von meinem Pfarrer kurz vor meiner Einsegnung gestellt. - Sie wurde natürlich allen in der Runde gestellt. - Die meisten sagten „ja". Als ich an der Reihe war, konnte ich nur „ich weiß nicht" antworten. Meine Antwort wirkte noch einige Zeit nach. Und eigentlich bis heute.

Im Nachhinein vielleicht gar keine so schlechte Antwort. Auch wenn ich mit ihr damals recht alleine dastand. Aber kann denn jemand mehr sagen, als 'ich weiß nicht'?

Ob es Gott gibt oder nicht, fragen sich sicherlich viele Menschen. Letzte Antworten kann niemand geben, denn weder seine Existenz, noch seine Nichtexistenz ist beweisbar – so eine anerkannte These.

Und nun?

Kann man in dieser scheinbar unentscheidbaren Situation etwas Überzeugendes und Annehmbares schreiben?

Das Buch versucht es!

Es sucht nach Anhaltspunkten, die es wahrscheinlicher erscheinen lassen, dass Gott eher ein Geschöpf des menschlichen Geistes ist, als dass es eine real existierende Kraft ist, die unsere Geschicke beeinflusst oder gar lenkt, denn **wir** tun das wohl eher selbst!

Der Autor setzt sich mit einem humorigen Augenzwinkern mit diesem so persönlichen Thema auseinander und zieht einige durchaus überraschende Schlussfolgerungen.

Vielleicht aber braucht man etwas Mut bei der Auseinandersetzung mit den eigenen Überzeugungen.

Claas N. Burgfried

Gott, Du fehlst!

Traktat über die Gottlosigkeit

Ein religionskritisches Buch für Zweifelnde

Internetportal: https://www.Buch-Gott-du-fehlst.info
E-Mail: C.N.Burgfried@email.de
Facebook: Facebook.com/Claas.Burgfried

Mit 5 Abbildungen

© 2019 Claas N. Burgfried
1. Ausgabe
Umschlaggestaltung: Klaus Bergfeld
Verlag und Druck: tredition GmbH, Halenreie 40-44,
22359 Hamburg
ISBN Taschenbuch: 978-3-7497-9086-9
ISBN Hardcover: 978-3-7497-9087-6
ISBN e-Book: 978-3-7497-9088-3
Das Werk, einschließlich seiner Teile, ist urheberrechtlich geschützt. Jede Verwertung ist ohne Zustimmung des Verlages und des Autors unzulässig. Dies gilt insbesondere für die elektronische oder sonstige Vervielfältigung, Übersetzung, Verbreitung und öffentliche Zugänglichmachung.
Bibliografische Information der
Deutschen Nationalbibliothek:
Die Deutsche Nationalbibliothek verzeichnet diese Publikation in der Deutschen Nationalbibliografie; detaillierte bibliografische Daten sind im Internet über http://dnb.d-nb.de abrufbar.

Heute mach ich mir mal kein Abendbrot,
heut mach ich mir Gedanken!

Wolfgang Neuss (Kabarettist)

Ein hoher Geistlicher sagte bei einer Lesung:
„Was Sie schreiben, stimmt schon!"
aber trotzdem ....
Wie sehen Sie das?
Freue mich über eine Rückmeldung.

Gewidmet meiner Familie

Inhalt

Vorwort 15
Zum Aufbau des Buches 20
Einführung 22

Teil I
Das Interview

Einleitung 37
Überlegungen mit 15 39
Gottesbeweis? 40
Gott als Idee 42
Weg zur Wahrheit 45
Zu Titel und Untertitel 47
Wunsch nach Gott 50
Bibel und Unwissenheit 51
Limbus 56
Ockhams Rasiermesser 61
Atheistisches Christentum 63
Jesus und „Stille Post" 65
Wahre Bibel 69
Wegeners Eisbohrkerne 74
Bibel mit freundlichen Interpreten 78

Behinderung und Homosexualität 79

Glauben-Wissen-Tod 83

Lebenssinn 87

Seele 95

Zufall 102

Glauben wollen 105

Irritierende Wahrnehmung 108

Begrenzte Götterwelten 118

Glaubensweitergabe 120

Darwin und Zufall 123

Macht des Zufalls 126

Religion: Nur Zufall 139

Lebensentwürfe und Werte 144

Immer nur ein Mensch 154

Religion ist gut und böse 158

Konstruktivismus 169

Abschließendes zum Interview 184

Teil II
Was sich sonst noch ergab

Es geht um Wahrscheinlichkeiten! 192

Gott sagt… 195

„Den Beistand Gottes erbeten" 197

Prolog 197

Beispiele	198
Was nun?	199
Wetten um Gott (Blaise Pascal)	207
Es ist ein Kreuz!	212
Schulmedizin und Religion?	216
Die eigene Meinung	220
Gedichte und Gedankenschnipsel	225
Blasphemie	225
Leider…	225
Bitte mit Vorsicht!	225
Sokratische Überlegungen	226
Nahrung finden	226
Gott ist alles!	228
Und der Himmel weint nicht	229
Ich glaube!	230
Ungläubige Semantik	231
Vaterunser (ökumenische Fassung)	232
Ein weltliches „Vaterunser"	233
Assoziation	234
Zitat	234
Gott	235
Die Seele - 1	236

Die Seele - 2..237

Bedachte Konstruktion.................................238

Am Ende zählt nur die Überzeugung.........239

Essenz...243

Demokratie-Index..246

Teil III

Schlussbemerkungen

Drei Bücher und Ockhams Handwerkszeug..255

Anhang... 277

Personenregister..279

Stoff für Zweifelnde.....................................283

Anmerkungen..289

Vorwort

Jetzt ist es doch ein Buch geworden, wenn auch ein kleines!

Ab 2010 fing ich an, meine Gedanken aufzuschreiben. In Abständen, oft in großen Abständen. So, wie es der Alltag zuließ - ich muss ja damit kein Geld verdienen – und wie es sich durch Anregungen gelesener Bücher, durch Gespräche im Freundeskreis, durch Kommentare in Zeitungen und Zeitschriften, durch Filme oder Berichte im Fernsehen ergab.

Einerseits tat ich das für mich, um die kreisenden Gedanken endlich aus dem Kopf zu bekommen und die inneren Dialoge zu verringern. Andererseits schon mit dem Gedanken, dass es auch für andere anregend und interessant sein könnte, darüber zu lesen, denn darüber machen sich viele Menschen Gedanken, egal, ob sie nun gläubig sind oder nicht, ob sie in einer Kirche organisiert oder irgendwann einmal ausgetreten sind. – Auch, wenn hinter den Zeilen kein bekannter und angesehener Autor steckt! Was sicherlich eine große Hürde für ein unbekanntes Buch ist.

Und was beschäftigte mich nun so stark, dass es mich bis heute nicht loslässt?

Gott – oder eben auch *nicht* Gott! … Ein bisschen verrückt, oder? …Was ist mit „Ihm"[1]?

- Gibt es ihn? - Gibt es ihn nicht? - Was machen Menschen mit ihm? Was macht dieses so flüchtige Wesen mit den Menschen? Immer wieder diese Fragen. Immer wieder: Kann das denn überhaupt sein? Zumal, wenn Milliarden von Menschen teils mit tiefer Inbrunst, teils mit mehr innerem Abstand daran glauben!

Warum stellen sich mir diese Fragen? Gute Frage! Ich weiß es nicht. Es könnte mir doch eigentlich egal sein!

Aber es schwirrten mir dazu in regelmäßigen Abständen Gedanken durch den Kopf: Im Kindesalter, als Jugendlicher oder dann im Erwachsenenalter! Der Impuls kam wohl am ehesten aus den Zweifeln - emotional, aber auch verstandesmäßig. Ich blieb dem ganzen Thema gegenüber immer ungläubig.

Während andere Menschen aus ihrem Glauben Halt und Sicherheit gewinnen, ja sogar detaillierte Leitlinien für ihr Verhalten im Alltag ableiten konnten, behielt ich ob der Grundlagen dieser Gefühle und Handlungsanweisungen immer meine Skepsis: Auf dieser Basis konnte ich meine Haltung, meine Emotionen und Werte nicht aufbauen.

Dabei darf man nicht verkennen, dass mit diesem Thema durchaus Angst einflößende Aspekte verbunden sind. So bleibt im Unklaren, welche Macht auf dieser immer unsichtbaren anderen Seite vorhanden sein kann: Die Einen reden von der unauslöschlichen und unerschütterlichen Liebe, die uns Menschen durch Jesus, als Gottes Sohn, entgegengebracht wird. Die Anderen schließen nicht aus, dass sie der Zorn Gottes in irgendeiner Form ereilen könnte, wenn sie sich nicht richtig, also gottesfürchtig und bibeltreu, verhielten. Wenn fehlendes Wissen und ein begrenzter Zugang zu Informationen hinzukommen, erhöht sich das Gefühl von Unsicherheit gegenüber dieser unbestimmbaren Macht umso mehr.

So empfand auch ich anfänglich Unsicherheit - jedoch nie Furcht - bezüglich der vermeintlichen und unsichtbaren Möglichkeiten, den unkalkulierbaren Einflussnahmen und unklaren Fähigkeiten dieses Geschöpfes. Oder sollte ich sagen, …dieses menschlichen Geschöpfes, nach dem es mir mehr und mehr auszusehen scheint?

Das ist mein Thema!

Sofern mich jemand auf dem Weg durch das Labyrinth der vielen Argumente, die dafür oder dagegen angeführt werden, begleiten möchte, dem biete ich dieses Büchlein an. Es behandelt das Thema ohne Anspruch auf Vollständigkeit und ohne Aneinanderreihung von Bibelstellen, aber mit vielen unterschiedlichen Aspekten sowie einem persönlichen Blick. Es pflegt keinen akademischen Diskurs, sondern orientiert sich in der Darstellung mehr an leicht nachvollziehbaren Formulierungen und Überlegungen und ist hoffentlich unterhaltsam.

Kommen Sie mit?

Oder auch Du?

Es würde mich freuen!

Das Buch orientiert sich nicht an Vorlagen.

Es ist, was es ist!

Claas N. Burgfried, Berlin 2019

Zum Aufbau des Buches

Hier folgt ein einleitender Text u.a. mit einigen etwas provokant formulierten Fragen, die im Interview zum Traktat und dem Schlussbemerkungen behandelt werden.

Falls Sie schon die Informationen auf der Buchrückseite gelesen haben sollten, wissen Sie, dass es mit Interview und Traktat eine besondere Bewandtnis hat.

Im dann folgenden Teil mit der Überschrift „Was sich sonst noch ergab" finden sich unterschiedliche Textformen, u.a. kleine Gedichte, glossenartige Texte, Aphorismen, Gedankenschnipsel, ein Gespräch zwischen zwei Zweiflern, dem einleitend einige Zeitungszitate vorangestellt sind, und der Versuch einer Bewertung von unterschiedlichen Glaubensansätzen durch weltliche Kriterien (Demokratie-Index).

Dieser Abschnitt wurde beim ersten Diskutieren im Familien- und Freundeskreis kritisch gesehen, weil er zu vieles Unterschiedliches nebeneinander stellt. Ich habe mich aber trotzdem dafür entschieden, die Texte im Buch zu belassen, gerade weil sie Einzelstücke sind. Sie haben sich über die Jahre ergeben und sind Ergebnisse der Auseinandersetzung mit dem Thema. Mir ist es lieber, das Eine oder Andere wird kritisiert, als dass ich auf diese Gedanken verzichten möchte.

Jeder Teil kann für sich gelesen werden.

Einführung

An einem schönen warmen Tag im Sommer 2015 heiratete meine ältere Tochter in einer spirituell inspirierten Zeremonie unter einem schattigen Baum in Brandenburg. Es war sehr feierlich, alle waren elegant gekleidet und die Pfarrerin hielt eine bewegende Rede.

Wir kennen uns schon recht lange. Sie hat über die Jahre traurige und erfreuliche Familienereignisse mit ihrer abwägenden Art zu predigen begleitet. Dieser Art der Glaubensauslegung konnte ich immer gut folgen, denn sie war undogmatisch.

So sagte sie am Ende ihrer Predigt bei unserer Familienfeier, dass es verständlich sei, wenn man Zweifel gegenüber dem Glauben habe - sie seien wichtig. Jedoch stehe am Ende dieser Zweifel – zumindest bei ihr – immer Gott.

Bei den vielen Glaubensfragen, die sich mir schon immer stellten, handelte es sich, so, wie ich ihre Predigten verstanden hatte, um ähnliche oder vergleichbare Fragen und Zweifel: Wie sind wir Menschen – unsere Art - entstanden? Wie die Welt? Was wird mit uns nach dem Tod geschehen? Was ist die Seele? Gibt es sie überhaupt?

Diese Fragen und die damit verbundenen Zweifel führten jedoch bei mir erst vage, dann mit den Jahren mit mehr Deutlichkeit in die entgegengesetzte Richtung. Vielleicht könnte man in der Zusammenschau beider Positionen von einer argumentativen Patt-Situation sprechen. Diese Überlegungen werden dadurch bestärkt, dass die Existenz Gottes wissenschaftlich nicht beweisbar ist: Weder seine Existenz, noch seine Nichtexistenz, da es grundsätzlich nicht möglich ist, etwas nicht Existierendes zu beweisen.

Trotzdem sollte damit die Diskussion über das Für und Wider der beiden Sichtweisen zu diesem Thema nicht beendet sein. Denn die Glaubensseite, so die religiösen Institutionen und deren Anhänger, bietet ein fast unüberschaubares Angebot an Darstellungen, Stellungnahmen und eben auch Behauptungen, die dazu anregen, sich mit ihnen auseinanderzusetzen oder sie infrage zu stellen.

Wenn ein wissenschaftlicher Beweis nicht möglich ist, bleibt der Weg, die Auseinandersetzung über Wahrscheinlichkeiten zu führen. Dies eröffnet neue Chancen, sich dem Problem zu nähern: Wie wahrscheinlich ist Gott? Wie wahrscheinlich ist seine Existenz? Ist es möglich, dass allein der Glaube an Gott, ohne dass er tatsächlich existiert, eine hinlängliche Wirkung für Menschen haben kann?

Bei der in diesem Buch darüber geführten Auseinandersetzung sollen Anschaulichkeit und das Exemplarische der Darstellung im Vordergrund stehen.

So werden u.a. folgende Fragen behandelt:
- Wie viele Religionen und Glaubensrichtungen verträgt ein Gott?
- Können Eisbohrkerne die religiöse Zeitrechnung widerlegen?
- Kann ein Rasiermesser, in Gedanken verwendet, Fehler vermeiden?
- Ist die These, dass alles vorbestimmt sei, auch dann erträglich, wenn damit nicht nur Gutes, sondern ebenso alles Schlechte gesteuert würde? Und von wem?
- Ist das Leben ohne Gott sinnlos?
- Kann Darwins „Große Zahl" die Schöpfung ersetzen?
- Hat das Beten einen Einfluss auf die Geschicke der Welt? Oder ist es möglicherweise eine Art autogenes Training?
- Können mit dem Spiel „Stille Post" Erkenntnisse über das Leben von Jesus Christus gewonnen werden?
- Kann ein Placebo Gott widerlegen?

- Sind Religionen boshaft? Oder sind sie gut?
- Ist es sinnvoll, am Lebensende mit Pfeil und Bogen auf ein Schiff zu warten?
- Ist der Zufall ein Faktor, mit dem man rechnen sollte?
- Was hat Hitler mit meiner Existenz zu tun?

Trotz dieser etwas provokant formulierten Fragen soll die Achtung vor dem Glauben nicht infrage gestellt sein. Aber ist die Glaubwürdigkeit der religiösen Institutionen und der Geistlichen als deren Vertreter nicht von mannigfaltigen Skandalen erschüttert?

Der Missbrauch innerhalb der katholischen Kirche gehört zwar dazu, jedoch ist das kein Schwerpunkt dieses Buches. Die verlorengegangene Glaubwürdigkeit ist weniger in einem moralischen Sinne, als in einem logischen gemeint: Durch die Jahrhunderte gab es zu den Fragen der Menschen immer nur eine Begründung, egal, welchen Bereich es betraf: Gott ist die Ursache aller Dinge und Verhältnisse, so beispielsweise für die Entstehung der Erde und des Weltalls, der Natur und der Naturphänomene, für die Entstehung des Menschen und der Tiere, für das Verhältnis von Mann und Frau oder für die Situation nach dem Leben.

Jeder mögliche Einwand, jede kritische Bemerkung konnte mit einem Adjektiv beendet werden: Es ist „gottgewollt".

Ist aber die Strahlkraft dieser Standard-Begründung für alles und jedes nicht über die Zeit verblichen, und die Begründung sogar oftmals widerlegt? Kann man an diesem „Gottgewollt" immer noch festhalten und ist dieser Erklärungsansatz überhaupt noch dazu in der Lage, irgendetwas in der Welt ernsthaft verständlich zu machen? Oder scheint nicht - in einer zugespitzten Formulierung - die Würde des Glaubens eher verloren gegangen zu sein?

Mehr und mehr Anerkennung erhielten hingegen die Erkenntnisse der Natur- und auch der Geisteswissenschaften. Die tief im Religiösen verankerten Wissenschaftler z.B. der Renaissance mussten ihre göttlichen Glaubenssätze über Bord werfen, da diese scheinbar unumstößlichen „Wahrheiten" im Widerspruch zu naturwissenschaftlichen Erkenntnissen standen und damit unhaltbar geworden waren. Durch diesen Umstand konnte jedoch auch etwas Neues entstehen: Denn hier, wo es um Wissenwollen, um die Suche nach Erkenntnis geht, kann belegt, aber auch verworfen werden. Es gibt eine Freiheit des Denkens: So kann Überkommenes durch Besseres ersetzt werden.

In der Religion scheint dies ausgeschlossen, da neue Erkenntnisse eher auszuschließen sind. Nur, wenn der Glaube Erkenntnisse der Wissenschaften zulässt, kann er sich erweitern - auch Kreationisten werden daran nichts ändern.

Wenn man sich mit dem Thema Glauben auseinandersetzt, gelangt man immer wieder zu ähnlichen Fragen. Eine von ihnen ist sicherlich, inwiefern die unterschiedlichen Religionen tatsächlich im Besitz der „letzten Wahrheiten" über Leben und Tod sind? Halten sie einer kritischen Prüfung stand, oder sind sie bloße Behauptungen?

Viele Menschen haben den Wunsch, zu glauben, wenn es denn für sie überzeugend ist. Aber kann man dies „guten Gewissens" noch tun? Denn man erwartet von einem gläubigen Menschen "Übernatürliches" als wahr anzunehmen und - sich auch danach zu verhalten! Setzt das nicht aber unbedingt voraus, dass ein angemessenes Maß an göttlicher Authentizität der Bibelinhalte und anderer heiliger Schriften gewährleistet werden kann?

Ist das möglich, wenn man weiß, dass die Inhalte des Alten Testaments über Jahrhunderte nur mündlich überliefert worden sind und häufig sogar Inhalte aus älteren Kulturen, z. B. der

Sumerer, verwendet wurden? Leider geben die Bibelschreiber diese Texte auch noch als bibeleigene Erzählungen aus. Heute nennt man das Übernehmen fremder Texte ohne Anmerkung zur Quelle ein Plagiat! Welche Gründe hatten die Urheber der heiligen Worte, so etwas zu tun?

Leider setzen sich diese Unklarheiten im Neuen Testament fort: Über Jahrhunderte der Recherche und Forschung haben es christliche Wissenschaftler bis heute nicht geschafft, ein vollständiges, historisch allgemein gültiges Bild von Jesu´ Leben entstehen zu lassen: Über seine Jugend weiß man nichts. Der Geburtsort ist unklar. War es Nazareth oder Bethlehem? Stimmt das Geburtsjahr tatsächlich mit den Angaben unserer Zeitrechnung überein? Oder war es 4 Jahre davor? Oder nochmals 3 Jahre früher? Unsere Zeitrechnung: ein Irrtum? Die Kreuzigung scheint gut dokumentiert. Aber die Auferstehung? Wurde er möglicherweise aus seinem Grab einfach entnommen und war nur „weg", um weiter zu predigen? Dazu finden sich ausführliche Überlegungen im letzten Teil.

Bei meinen Recherchen zum Buch stieß ich auf einen Artikel des SPIEGEL von 1958, in dem der berühmte Theologe und Arzt Albert Schweitzer mit den Worten zitiert wird: „…Jesus von Nazareth, der als Messias auftrat,... hat nie existiert. Es ist eine Gestalt, die vom Rationalismus entworfen, vom Liberalismus belebt und von der modernen Theologie in ein geschichtliches Gewand gekleidet wurde." Dies schrieb er 1906 in seinem Standardwerk über die schon ca. 300 Jahre währende Forschung zum Leben Jesu. Schweitzer leugnet damit nicht Jesus' Existenz, die ist belegt, jedoch das Bild, das von ihm entworfen wurde: Bleibt Jesus nur noch als eine Kultfigur bestehen?

Ich war von diesen Ergebnissen überrascht. Mit einer solchen Eindeutigkeit der Aussage hatte ich selbst nicht gerechnet. Aber wie reagieren Christen darauf? Kann man diese Informationen leugnen, ignoriert man sie, sagt man: „Stimmt schon, aber trotzdem...!", oder gibt es eine Deutung, die in eine ganz andere Richtung weist?

Die Beantwortung dieser Fragen wäre sehr interessant, denn aus meiner Perspektive muss ein gläubiger Mensch recht viel hinnehmen, um seinen Glauben erhalten zu können!

Wäre nicht eine Überarbeitung und Aktualisierung auch im religiösen Sinne dringend geboten? Hilfreich könnte z.B. eine Theophanie sein, also eine direkte Ansprache eines Gottes an die

Menschen, bei der alle Widersprüche und Ungereimtheiten aufgelöst werden würden! Aber kann das überhaupt geschehen? Zumal, wenn man nicht ohne weiteres ausschließen kann, dass Jesus nur eines natürlichen Todes gestorben sein könnte und damit die Wiederauferstehung nur noch in der Form einer wunderbaren Erzählung überlebt?

So sind wir weiterhin bei dem Für und Wider in Glaubensfragen von – man muss das wohl so sagen – fehlenden, unvollständigen bzw. fehlerhaften Unterlagen abhängig. Deren Vermittlung, egal in welcher Religion, ob Christentum, Judentum oder Islam, nur durch Menschen geschieht, die darüber reden. In absoluter Ausschließlichkeit!

So geht es bei diesen Überlegungen um die Frage, wer die Heiligen Schriften tatsächlich geschrieben hat? War es Gott selbst? Wurde Gott nur indirekt aktiv und führte die Feder der Verfasser oder waren es ausschließlich *Menschen*, die aus ihrem historischen Umfeld - und wohl durchaus auch mit religiösem Kalkül - in diesen Schriften ihre Gedanken, Hoffnungen und Absichten niedergeschrieben haben?

Dieses Problem wird an mehreren Stellen im Buch, zum Beispiel im Interview und den Abschlussbemerkungen, aufgegriffen. Weiter werden Themen wie William von Okhams „Rasiermesser" und der Atheismus, der Einfluss des sozialen Umfeldes auf den Glauben, die Bedeutung des Konstruktivismus zur Erklärung religiöser Phänomene sowie das Verhältnis von Empathie und Moral auf der einen Seite und dem Atheismus auf der anderen behandelt.

Im Buchteil „Was sich sonst noch ergab" finden sich Überlegungen, Gedichte und Gedanken zum Umgang mit Altgläubigen in Russland, zu Erkenntnissen der Schulmedizin und der möglichen Bedeutung für die Religion, einem weltlichen „Vaterunser" und zum Versuch einer Gotteserklärung.

Das Buch wendet sich an „Zweifelnde". Gemeint sind die Zweifelnden beider Seiten der imaginären Trennlinie von Gläubigen und Nichtgläubigen, die sich fragen: Kann es denn sein, dass Gott wirklich existiert? Die Einen mehr bejahend, die Anderen eher verneinend.

Ob das Thema selbst und die vielleicht eher unterhaltende und durchaus einmal mit einem „Augenzwinkern" verbundene Art der Darstellung darüber hinaus auch Menschen interessieren kann, die sich bisher noch keine Gedanken dazu gemacht haben oder machen wollten, bleibt dabei eine offene Frage.

Mein Ziel war es, ein Buch zu schreiben, das nicht vorzeitig aus der Hand gelegt wird, weil es der jeweils eigenen Position des Lesers nicht entspricht, auch wenn von mir eine religionskritische Haltung vertreten wird.

Es ist mir bewusst, dass niemand einfach seine Meinung zu Glaubens- oder weltanschaulichen Fragen ändert, denn sie beruht auf eigenen Lebenserfahrungen, starken Impulsen aus dem sozialen Umfeld, so der eigenen Erziehung, oder auf tiefgreifenden Problemen, bei denen durch den Glauben eine Stabilisierung des eigenen Lebens ersehnt wird.

Trotzdem versucht meine Darstellung die Chance zu erhöhen, die Existenz eines Gottes als eher unwahrscheinlich anzusehen. Am Ende sollte also die Überzeugung mehr Raum bekommen können, dass uns Religion – trotz aller guten Worte und Geschichten - weniger erklären kann, als diesseitig orientierte Überlegungen und Erkenntnisse. Denn es scheint nicht gerade wenig dafür zu sprechen, dass wir auf dem Weg weitergehen können, der auch ohne einen Gottesglauben auskommt. Der Besuch von Kirchen, Moscheen oder Synagogen muss dem nicht entgegenstehen. Aber man sollte nicht ausschließen, dass die am Kreuz dargestellte Figur des Christentums zwar ein Symbol für viele respektable Werte sein kann, jedoch eher nicht mit übernatürlicher und göttlicher Kraft ausgestattet sein wird.

Das Führen eines glücklichen, emotional befriedigenden und ethisch und moralisch einwandfreien Lebens hängt nicht von einer Religion ab.

So stellt sich auch durchaus die Frage: Wäre es denn eine völlig abwegige, ja, verrückte Idee, wenn man sich die gesamte menschliche Entwicklung ohne tatsächlich existierenden Gott vorstellen würde, mit der Folge, dass alles auf der Welt schon *immer* ohne das Zutun eines Gottes geschah? Lässt sich das ausschließen? Würde die Welt heute anders aussehen, wenn es so wäre?

Ich hoffe, ich konnte Sie für das Weiterlesen des Buches interessieren und Sie zum Weiterblättern animieren!

Schreiben Sie mir gerne, wie Sie die Art finden, in der das Thema von mir behandelt wird.

Teil I

Das Interview

Einleitung

Vor kurzem hat eine Streitschrift für ein gewisses Aufsehen gesorgt, die belegen will, dass Gott nicht existieren kann. Circa ein Jahr nach der Veröffentlichung des Buches von Richard Dawkins (Der Gotteswahn) versucht der Autor - gekleidet in die Form eines Traktates – Argumente gegen die Existenz eines Gottes zu präsentieren. Unser Redaktionsmitglied Carl-Marten Fels führte für „thesen, syntax, perspektiven" (tsp) ein ausgiebiges Gespräch mit dem Autor, der den Text unter seinem Pseudonym veröffentlicht hat.

tsp: Zuerst erlauben Sie mir eine Frage zu ihrer Person. Warum das Geheimnis um Ihren Namen?

Autor: Nun, es hat weniger mit dem Versuch einer unangemessenen Mystifizierung zu tun, als vielmehr mit der Unsicherheit, was passiert, wenn die Schrift tatsächlich in einer größeren Öffentlichkeit diskutiert würde. Dann bestünde das Risiko, dass man nicht mehr Herr der Abläufe ist und sich Ohnmacht breitmachen kann. Dieses Gefühl mag ich überhaupt nicht!

Dann sind Sie eher ein scheuer Mensch?

Das würde ich nicht sagen, aber man gibt doch etwas von sich preis und stellt es in die

Welt, ohne noch beeinflussen zu können, wie jemand anderes darauf reagiert und wie er sich dazu verhält. Das hat generell etwas Beängstigendes. Finden Sie nicht?

Durchaus. – Aber noch einmal zu Ihrer Person. Wenn man die Archive durchstöbert, wird man keine Spuren von Ihnen finden. Selbst, wenn man weiß, wie Ihr wirklicher Name lautet (Anm.: der Name ist der Redaktion bekannt), sind keinerlei Hinweise über Veröffentlichungen von Ihnen zu finden. Wie kommt das?

Nun, ich kann nicht behaupten, dass mir in meinem Leben irgendetwas Wesentliches gefehlt hätte. Sowohl mein Beruf als Lehrer, als auch mein privates Leben mit meiner Frau, den erwachsenen Kindern und nunmehr sogar Enkelkindern waren so ausgefüllt, dass ich kein Bedürfnis danach gehabt hatte, mich in dieser Weise zu exponieren. Aber Themen wie: Gibt es einen Gott? Oder: Gibt es ein Leben nach dem Tode? beschäftigten mich jedoch mein Leben lang. Es sind Fragen, die ich mir in unterschiedlicher Form seit meinem zehnten Lebensjahr und verstärkt zwischen fünfzehn und sechzehn immer wieder gestellt habe und wo ich auch damals schon nur eine verneinende Antwort fand.

Überlegungen mit 15
Gut, dann lassen Sie uns doch darüber sprechen. Können Sie sich denn noch genauer an Ihre damaligen Überlegungen erinnern?

Ja, sehr gut. Sie sind mir auch durch die Streitschrift wieder sehr bewusst geworden. Es gab zwei grundlegende Aussagen, die sich damals entwickelten. Erstens, ich brauche nicht den Umweg über einen Gott, um zum Menschen (d. h. zum Mitmenschen) zu kommen. Und zweitens, was nicht existiert, kann nicht bewiesen werden. Diese Überlegungen spielten natürlich mit zehn Jahren noch keine Rolle, diese Gedanken kamen mir erst mit ca. 15 Jahren. Mit zehn war mir nur die Endlichkeit meines Lebens bewusst geworden.

Der erste Satz mag von einem liberalen Christen tolerierbar sein, macht Sie der zweite Satz aber nicht sehr leicht angreifbar, dass nicht bewiesen werden kann, was es nicht gibt? Oder ist das nur eine jugendliche Überlegung gewesen?

Ich gebe zu, er wirkt auf den ersten Blick äußerst plakativ und undifferenziert. Der Satz besitzt jedoch erst einmal eine unumstößliche

Richtigkeit: Wie will ich etwas beweisen, das es nicht gibt? Natürlich gehört dazu ein weiterer wichtiger Gedanke, den ich damals so deutlich nicht mitgedacht hatte und der ihn stark relativiert. Es ist klar, dass die Wahrnehmung des Menschen begrenzt ist. Wir merken in allen Bereichen, z. B. in der Forschung, dass nach der Klärung einer Frage und dem Zuwachs an Wissen neue Fragen entstehen. Da sich aber nie alle Fragen klären lassen, eröffnet sich theoretisch sicherlich die Möglichkeit eines existierenden höheren Wesens. Jedoch wird der schon erwähnte Satz „Was nicht existiert, kann man nicht beweisen!" dadurch nicht falsch oder widerlegt. Ich möchte sogar so weit gehen und behaupten, dass diese plakativ wirkende Aussage keine geringere Aussagekraft besitzt als die Versuche auf christlicher Seite mit „Gottesbeweisen" der unterschiedlichsten Art seine Existenz zu belegen.

Gottesbeweis?
Wie meinen Sie das?

Kein Gottesbeweis konnte jemals die Existenz wirklich bestätigen. Im Gegenteil! Es wird nach Indizien gesucht, die aber immer nur indirekt eine solche Aussage zulassen können. Eigentlich sagt das schon alles. Ein Beispiel: Ein unglaublich - mit Verlaub - schwachbrüstiger Gottesbeweis liegt in der Herleitung einer Gottesexistenz durch die Tatsache, dass es in allen Kulturen Religionen gibt, der sog. ethnologische Beweis. Dieser Ansatz ignoriert völlig, dass es nur drei, wenn auch große monotheistische Religionen gibt. Andere Weltreligionen wie der Buddhismus kommen ohne den Einen Gott aus. Es gibt Religionen, die viele Götter für sich in Anspruch nehmen oder sich auf die Geister der Ahnen beziehen. Die gesamte Antike findet sich in dieser Ansammlung unterschiedlichster Vorstellungen wieder. Die Ägypter verehrten sogar einen Mistkäfer als Gott. Es ist also alles möglich und vorgekommen. Gerade die Vielfalt der Vorstellungen kann für einen äußerst veritablen Gegenbeweis herangezogen werden: Durch die Existenz von Glaubensvarianz ist die Behauptung vom Vorhandensein des Einen Gottes ad absurdum geführt und logisch nicht mehr haltbar. Sie belegt jedoch etwas anderes, nämlich ein unleugbares Bedürfnis der Menschen nach Spiritualität oder auch Religiosität. Dieses Urbedürfnis eint die unterschiedlichsten Ansätze. Und dieses kann ich gut verstehen. Damit gibt es aber nur eine rein subjektive Ausfüllung des Gedankens an etwas Höheres. Auch, wenn es sehr große Glaubensgruppen und Gemeinschaften gibt. Es hat jedoch nichts mehr mit dem Nachweis einer wirklichen Gottesexistenz zu tun.

Ich kann diese Ideen verstehen, ohne ihnen jedoch selbst anzuhängen. Nur zur Ergänzung der Größenordnung: Die Gruppe, die weltweit nicht gottgläubig ist, ist ca. eine Milliarde Menschen stark und ungefähr so groß wie die Anhängerschaft der unterschiedlichen Richtungen des Islams. Auch wenn man die Gruppe der nicht Gottgläubigen nicht als homogen betrachten kann, so kommen sie doch ohne einen Gott als zentralem Wesen aus.

Gott als Idee

Wenn ich Sie richtig verstehe, beziehen Sie sich gerade auf den Punkt Ihrer Schrift, in der Sie davon sprechen, dass es nicht auf das wahre Vorhandensein einer höheren Macht ankommt, sondern dass die bloße Idee die treibende Kraft für die Menschen ist.

Richtig! Es bleibt Gott als Idee. Die Religionen sind die Auslegungen und Ausdeutungen dieser Idee, nach denen dann in unterschiedlicher Form gehandelt wird. Teils äußerst rigide, teils mit mehr Großzügigkeit.

Was gibt es denn dagegen zu sagen?

Eigentlich nichts. Ich habe auch prinzipiell nichts dagegen. Es gibt aber weltweit Millionen von Menschen und leider auch Verantwortung tragende Persönlichkeiten, die behaupten, die Verhältnisse seien gottgewollt und gottgegeben und nicht veränderbar. Das kann leider so weit gehen, dass sie behaupten, sie würden das, was sie tun, gar nicht selbst entschieden haben, sondern sie handelten im Auftrag einer höheren Macht, erhielten quasi Befehle von Gott. Die westliche Welt ist bis vor ein paar Jahren von solch einem Menschen geführt worden. Soweit mir in Erinnerung ist, behauptete er, dass Gott mit ihm sprechen würde. Mir ist nicht bekannt, ob das auch politische Entscheidungen beeinflusst hat…

…Sie meinen den Beginn des Irak-Krieges?

Mmmh. Hunderttausende Tote, die Destabilisierung gleich mehrerer Staaten, die Entstehung einer neuen Dimension von Terror, der in die Welt getragen wurde, und das alles, weil verlässliche Informationen der Geheimdienste vorgelegen haben sollen, die Lager mit Massenvernichtungswaffen entdeckt haben wollen?

Ein Großteil ihrer - ich sag´ einmal - „Gott-hat-Bush-diktiert"-These bleibt dabei aber Spekulation…

…keine Frage…

…zumal es auch gravierend andere Interessen gibt. Thema Erdöl!

Vermutlich wäre die Region ziemlich uninteressant ohne diese Ressource. Aber Bush hat sich ausdrücklich zu seinem Glauben geäußert und dass es sein Handeln beeinflusst. Da ist dann der Gottglaube zu einer wahnwitzigen Idee geworden, wie ihn Salman Rushdie einmal bezeichnete. Hinsichtlich solcher Sorgen wurde von einem politischen Kabarettisten im Fernsehen auch schon die Frage gestellt, wie man eine vermeintliche Antwort Gottes nach einem Gebet einordnen sollte? Sind das nur leichte psychische Auffälligkeiten oder kann das schon pathologisch sein?

Das ist sicherlich eine originelle Interpretation. Aber bringen Sie gläubige Menschen damit nicht in die Ecke von Geisteskranken?

Nein! Selbstverständlich und ausdrücklich nicht! In meiner Vorrede sage ich ja definitiv, dass es eigentlich überhaupt nicht darauf ankommt, was ein Mensch denkt oder worin jemand seine geistigen Wurzeln sieht. Das spielt keine Rolle. Für mich wird es dann interessant, wenn jemand anfängt zu handeln. Das ist der entscheidende Punkt: In welcher Weise handelt jemand? Ist das Handeln in seinen Auswirkungen für Menschen eine Hilfe, unterstützt es sie in schwierigen Situationen, ist es wohlwollend oder nur auf den eigenen Vorteil bedacht?

Weg zur Wahrheit

Sie zitieren den Komponisten Arnold Schönberg, der davon spricht, dass es nicht auf die Wahrheit ankomme, sondern auf die Art und Weise, wie man nach Wahrheit sucht.

Ja. Erst einmal kann ich meine Überzeugung nicht als die allein richtige ansehen. Auch wenn ich glaube, dass sie natürlich stimmt, denn die eigene Meinung ist immer die beste und richtige, wie mal jemand bei einem Vortrag sagte. Ein wunderbarer Satz, der mir ausgesprochen gefällt - dem kann doch jeder zustimmen, oder?

Wie Recht Sie haben!

Danke! Ernsthaft, wenn ich meine eigene Meinung so in den Vordergrund stellen würde, gäbe es nur noch Differenzen zu anderen Personen. Viel wichtiger ist das Interesse an der gemeinsamen Lösung eines Problems oder Vorhabens: Das erstere spaltet, das letztere eint. Ein praktisches Beispiel. Ich war einige Jahre Vorsitzender eines kleinen Vereins zur Förderung der Jugendsozialarbeit. Wir suchten nach Projekten im Kiez zur Verbesserung des Freizeitangebotes und organisierten u.a. eine nachmittägliche Schülerbetreuung für sog. Schlüsselkinder, also wo beide Elternteile arbeiten. Dies taten wir auch mit Unterstützung der Kirchengemeinde und einer tollen und engagierten Pfarrerin. Soll ich denn ein sinnvolles Projekt verwerfen, weil ich die Zusammenarbeit mit jemandem verweigere, der an Gott glaubt - ich spitze zu. Das wäre absurd und keine Hilfe für die Sache. Dann wären wir an der Stelle, wo ein Christ sagt, ich arbeite nicht mit einem zusammen, der nicht an Gott glaubt. Ich hielte das für eine Katastrophe. Unser friedliches Zusammenleben würde in Frage gestellt werden. Es gäbe keinen Respekt für die Vorstellungen des Anderen. Das möchte ich nicht! Das Problem beginnt doch erst da, wo jemand massiv mit Worten oder Taten einem anderen Menschen seine Meinung aufzwingen will.

Mit Gott und ohne Gott.

Sie haben Recht. Die Menschen handeln gut, sie handeln schlecht. Mal mit einem Gottglauben und mal ohne. Sie tun eben, was sie wollen oder wie sie es können. Es hält sie niemand davon ab. Es geschieht alles aus ihnen selbst heraus und so geht das schon die ganze Menschheitsgeschichte und wird auch zukünftig so weiter gehen. Es wird sie kein Gott davon abhalten … in gewisser Weise schade.

Zu Titel und Untertitel

Damit geben Sie mir ein Stichwort, um über Ihre Überschrift und den Untertitel zu reden. Fangen wir mit dem Untertitel an. Warum verwenden Sie die Form eines Traktates?

Das hatte mehrere Gründe. Zum einen wurde gerade in der Form des Traktates in der christlichen Literatur zu Glaubensfragen in pädagogischer Art fabuliert. Ich fand es passend, die Form für eine Schrift gegen die Institution Kirche zu nutzen. Zum anderen gibt mir diese Form die Freiheit, ohne umfangreiche Literaturarbeit mit dem Thema umzugehen. Ich muss nicht alle Punkte bis ins Kleinste mit anderen Quellen belegen, sondern kann mehr meine Sicht, mein Wissen und meine Erfahrungen in den Mittelpunkt der Argumentation stellen. Es wäre natürlich keine Frage, dieses Thema ausführlichst und auf hunderten von Seiten zu belegen. Dann müsste ich aber mein Leben durch eine Buchveröffentlichung finanzieren und meinen Beruf aufgeben. Der macht mir aber Spaß!

Würde es Sie nicht stören, wenn man Ihnen vorwerfen würde, dass Sie ein so großes The-

ma auf verhältnismäßig wenigen Seiten abhandeln?

Nein. Denn es ist beides möglich. Wenn ich thesenartig vorgehe, äußere ich mich deshalb nicht unwahrer, als wenn ich noch viele Informationen anderer Autoren für den Beleg verwende. Wie viele Bücher sind null und nichtig geworden, weil sich ihr Inhalt überlebt hat. Da wurden umfassendste Erläuterungen gegeben und Begründungen gefunden und am Ende stehen sie für nichts. Nehmen Sie nur die staatstragende Literatur der DDR. Die Glaubwürdigkeit hängt nicht von der Menge der Informationen ab. Ein gutes Beispiel dafür gibt es aus der Literatur über Hitler und die NS-Zeit. Obwohl es fundierte und umfängliche Bücher zum Thema gibt, wird Sebastian Haffners kleines Buch „Anmerkungen über Hitler" als durchaus ebenbürtig und essentiell für die Thematik angesehen. Dies nur zur Verdeutlichung, ich möchte mich mit meiner kleinen Arbeit nicht mit ihm vergleichen.

Kommen wir zum Titel. Er lässt offensichtlich keine eindeutige Aussage zu. Durch die gewählte wörtliche Rede, stellt er eigentlich sogar einen Widerspruch dar, denn er ruft jemanden an, der ja, ihrer Meinung nach, nicht existiert.

Stimmt. - Eigentlich verwendet auch der Untertitel eine Wortwahl, die doppeldeutig ist und auch sein soll, denn die Geistlichen nutzten und nutzen diese Formulierung auch, um sich über die Missstände ihrer Zeit zu mokieren und gottesfürchtiges Leben einzufordern. Ich verwende es in einem allumfassenden Sinn: Ihr Priester, ihr habt Recht, die Zeiten sind gottlos. Nur, dass die Zeiten schon immer gottlos waren. Nichtsdestotrotz hätte ich nichts dagegen, wirklich nichts, wenn ich in meinem Leben göttliche Interventionen spüren könnte. Wie sollte ich etwas dagegen haben! Ich meine dabei nicht unbedingt mein eigenes privates Leben. Mit dem bin ich sehr zufrieden. Gott sei Dank – Verzeihen Sie die Floskel - Nein, es geht vielmehr um das Weltgeschehen. Um den Werdegang der Menschheit, den Umgang der Völker miteinander. Das Verhalten Einzelner den Mitmenschen gegenüber. Mir fehlt da jegliche göttliche Einflussnahme. Wenn ich mir das alles anschaue, fehlt entweder ein Gott, oder er fehlte eben in seinen Handlungen. Meine Entscheidung habe ich getroffen: Der Mensch alleine trifft die Entscheidungen in seiner Unvollkommenheit. Denn nur dann wird das Ganze recht schlüssig.

Wunsch nach Gott

Trotz allem aber der Wunsch nach einem Gott!

Liebend gern, denn das würde auch für mich einiges einfacher machen. Aber leider, mir fehlt der Glaube, d.h., mir fehlen glaub-würdige Anhaltspunkte. Was im Namen Gottes so alles gesagt und vor allem getan wird, ist für mich überhaupt nicht überzeugend, sondern nur sehr, sehr irdisch und ausschließlich menschlich. Ein Beispiel: *Sie werden alle einmal vor ihrem Schöpfer und höchstem Richter stehen und werden sich verantworten müssen!* So heißt es doch sinngemäß in der Bibel. Jaaa, das wäre was, wenn so ein reaktionärer hoher Geistlicher namens Williams aus der Piusbruderschaft die Judenvernichtung leugnet. Wenn ein deutscher Kardinal Schutzbefohlene züchtigt, wie er selbst zugegeben hat, ja weltweit ganze Generationen von Gottesmännern wehrlosen Schutzbefohlenen regelmäßig Gewalt angetan haben. In letzter Konsequenz auf der Basis eines Gottglaubens und mit Billigung des Höchsten, denn diese Männer hatten göttliche Weihen empfangen, bevor sie ihre Arbeit aufgenommen haben!

Aber leider passiert gar nichts! Rein gar nichts! Kein göttlicher Blitz trifft sie auf der Stelle. Kein eindeutiges Zeichen kommt vom Himmel und reglementiert dieses unwürdige Treiben. Es ist alles leider nur zu menschlich, allzu menschlich, und wird weiterhin nur durch weltliche Macht gesühnt werden oder ... eben auch nicht. Ich würde an Gott glauben, wenn es ihn gäbe. So gesprochen wohl, wenn ich mich nicht irre, vom ungarischen Schriftsteller Imre Kertèsz. Intelligenter kann man aus meiner Sicht das Problem nicht formulieren. Es ist für mich ein umwerfend verdichteter Satz, der die Schwierigkeiten dieses Themas auf den Punkt bringt.

Bibel und Unwissenheit

Kommen wir zu einem Kernstück Ihrer Schrift. Sie versuchen nachzuweisen, dass im Grunde die katholische Kirche selbst die Belege dafür zur Verfügung stellt, dass es Gott nicht geben kann.

Richtig. Die Christen berufen sich auf die Bibel. Sie beinhaltet danach Gottes Worte und Taten. Sie ist Gottes Wille. Die Bibel, also Gott, äußert sich zu den unterschiedlichsten Bereichen. So, z.B. zu den Bereichen der Naturwissenschaften, der Psychologie, der Sexualität, dem Verhältnis von Mann und Frau, der Ethik, zur Geschichte. Hier behielten die Aussagen so lange ihre vermeintliche Gültigkeit, bis sie durch naturwissenschaftliche Erkenntnisse widerlegt werden konnten und diese Widerlegung war sehr häufig begleitet von Gewalt der kirchlichen Institutionen. Höchst interessant und bedeutsam ist dabei die Tatsache, dass es sich oftmals in der Wissenschaftsgeschichte um gottgläubige Menschen handelte, die sich den Naturwissenschaften verschrieben hatten. Sie hatten sogar teilweise kirchliche Ämter inne und mussten mit dem Zwiespalt fertig werden, die gelernten Glaubenssätze verneinen zu müssen, da sie weiterreichende Erkenntnisse gewonnen hatten. Sie wurden dadurch natürlich nicht zu Atheisten, sondern blieben meist gläubig. Das Undenkbare zu denken war vermutlich eher nicht möglich.

Sie meinen zum Beispiel Kopernikus?

Nicht nur. Dazu gehört auch Mendel mit seiner Vererbungslehre und, nicht zu vergessen, Darwin, der durch seine empirischen Erkenntnisse die umfassendste Theorie gegen einen Schöpfergott entwickelte und nachvollziehbare und belastbare Belege für die Entstehung der Lebensvielfalt aus sich selbst herausfand. Er wollte Priester werden, Mendel war es. Kopernikus als Domherr und Doktor des Kirchenrechtes wartete mit der Veröffentlichung seiner Erkenntnisse bis zu seinem Lebensende aus

Angst vor den Repressalien der katholischen Kirche.

Können Sie zu dem, was Sie eben über die Bibel sagten, noch konkreter werden?

Vorweg: Es ist klar, dass ich hier keine Neuigkeiten verbreiten kann. Nichts, von dem ich hier spreche, wird nicht schon von anderen entwickelt oder vertreten worden sein. Aber es wird ja immer noch von vielen geglaubt und es werden Handlungsanweisungen daraus abgeleitet. Ich liste einige Punkte auf: Die Erde wurde in einer Woche erschaffen und an einem bestimmten Tag vor ca. 4000 Jahren fertig gestellt! Im günstigsten Fall hat da jemand nach einer griffigen Formel gesucht, um etwas Unfassbares auf ein für Menschen nachvollziehbares Maß zu bringen. Die Erde ist der Mittelpunkt des Weltalls! Die Augenscheinlichkeit führte zu dieser Aussage. Ohne die Erkenntnisse der Wissenschaft könnte man das auch jetzt noch vermuten. Der Mensch wurde nach dem Ebenbild Gottes erschaffen und bildet die Krönung der Schöpfung! Es ist ein netter Versuch und ich fühle mich auch geschmeichelt. Aber der Satz mit dem Ebenbild hatte im Mittelalter dazu geführt, dass in der Medizin keine Fortschritte möglich waren und durch die verordnete Unkenntnis …

...es war verboten Leichen zu sezieren, um z. B. die Lage der inneren Organe zu kennen...

...ja, so starben viele Menschen durch unsachgemäße Behandlung, so dass erst z.b. Vesalius oder Paracelsus Fortschritte ermöglichten. Dies, wie so oft, unter dem Risiko, durch die Kirche das Leben zu verlieren. Die Kirche hat uns über Jahrhunderte in die Irre geführt. Wären wir immer noch so gläubig wie vor der Neuzeit, wäre unsere Kultur absolut rückständig.

Um in einen anderen Bereich mit einer anderen Bibelaussage zu wechseln: Die Frau sei dem Manne untertan! Diese verheerende Aussage hat bis heute millionenfache Anhänger und wird teilweise bis heute mit Gewalt durchgesetzt. - Es gibt ja noch andere monotheistische Religionen. - So sieht oder sah Gottes Wille aus? Keiner der Sätze hat heute noch ernsthaften Bestand. Sie sind alle durch das schlichte praktische Leben widerlegt und durch sinnvollere Aussagen ersetzt. Soll denn darauf ein tiefer Glaube gebaut werden? Mit jeder naturwissenschaftlichen Erkenntnis ist der Platz, an dem sich ein Gott aufhalten kann, kleiner geworden. Konkret räumlich und auch in einem immateriellen Sinne. Wie glaubhaft ist dann irgendeine Aussage über ein Leben nach dem

Tod, über den Himmel, den Teufel, die Hölle? Die Kirchen besitzen kein Fundament mehr, auf das sie ihren Gottglauben stützen könnten. Der Pontifex Maximus - (lat.: der große Brückenbauer) - hat keinen Draht nach oben, hatte ihn nie! Der Draht hängt in der Luft und führt nirgendwo hin. Er baumelt sozusagen nach unten und zeigt auf den Menschen zurück. Eigentlich ein sehr sinnhaftes Bild! Es scheint eher auf Szenen aus einem Harry Potter Film hinauszulaufen, wo Treppen immer ins Leere laufen. Diese Darstellung fand ich sehr beeindruckend, auch wenn sie nicht auf einen religiösen Inhalt ausgerichtet war. Mit jeder wissenschaftlichen Erkenntnis, die ja auch von Christen in großer Zahl Anerkennung findet, sägt sich die Kirche den Ast weiter ab, auf dem sie durch ihren Gottglauben sitzt. Ich halte eigentlich den Zustand schon lange für erreicht, bei dem - wie in einem Comicfilm – der Ast schon abgesägt ist, die Protagonisten aber immer noch an gleicher Stelle sitzen, jedoch eigentlich längst gen Boden gefallen sein müssten. Den Kontakt zum Stamm - der Erkenntnis - haben sie schon längst verloren, glauben aber immer noch fest daran. Ach nein, der Verlust der Erkenntnis war ja schon im Paradies vonstattengegangen…

In Ihren Überlegungen spielen aber auch noch andere Personen eine wesentliche Rolle,…

…Verzeihen Sie, dass ich Sie unterbreche,…

Bitte. Wollten Sie noch etwas ergänzen?

Limbus

Ja. Wir können und sollten auch noch über weitere wichtige Personen reden, aber da wir gerade über so elementare christliche Begriffe wie Himmel, Teufel, Hölle und auch Erkenntnis gesprochen haben, ist mir eine Episode in Erinnerung gekommen, die sich aus einem Zufall heraus ergeben hat, aber mit genau diesem Fantasiegeschöpf und den dazu passenden Fantasieorten zu tun hat.

Gut, dann fahren Sie erst einmal damit fort. Wir können danach sicherlich problemlos mit William von Ockham weiter machen.

Vielen Dank! Beim Suchen nach der Erklärung eines Wortes, das eigentlich gar nichts mit diesem Thema zu tun hatte, bin ich auf den Begriff „Limbus" gestoßen. Es ist das lateinische Wort für den Vorhof der Hölle. Diesen Begriff hatte ich zwar schon einmal gehört, jedoch ging ich dem nicht weiter nach. Dieses Mal kümmerte ich mich aber genauer um die Hintergründe. So fand ich folgendes dazu: An diesem

Ort finden sich alle ehrenwerten Personen, die Religionsgeschichte geschrieben haben – pardon, natürlich nur christliche, bzw. jüdische - aber das Pech hatten, vor Jesus geboren worden zu sein, also z. B. Moses oder Abraham.

Soll das bedeuten, dass erst nach oder mit Jesu´ Tod überhaupt jemand in den Himmel kommen konnte?

So sieht das wohl aus. Der Himmel und damit der direkte Kontakt zu Gott waren wegen der Erbsünde ausgeschlossen. Übrigens, auch für nicht getaufte Babys hatte man sich diesen Platz ausgesucht. Sie waren zwar schuldlos, da zu jung gestorben, um Böses getan zu haben, jedoch waren sie ja nicht getauft, deshalb waren sie mit der Erbsünde belastet.

Vielleicht sollten Sie diesen Ausdruck erklären!

Ich muss gestehen, dass es mir emotional schwer fällt, dies zu tun, da ich diese Erfindung für eine der unglaublichsten halte, die ich mir vorstellen kann. Sie verursacht mir sogar eine gewisse Abscheu.

Wie kommen Sie in diesem Zusammenhang auf Abscheu?

Bei dem Gedanken schießt mir wirklich ein wenig das Blut in den Kopf. Nach dieser Theorie sind wir alle - alleine durch unsere Geburt - schuldig. Schuldig gesprochen durch eine erfundene Geschichte, die behauptet, alle Menschen würden von Adam und Eva abstammen und alle seien durch die kuriose Verführung Adams durch Eva aus dem Paradies vertrieben worden.

Das ist jetzt aber eine sehr knappe Beschreibung der Situation. Sollten Sie die nicht noch etwas ergänzen?

Aber kennt die Geschichte denn nicht jeder?

Nein, das glaube ich nicht. Der Vollständigkeit halber sollte vielleicht gesagt werden, dass Eva Adam einen Apfel anbot, der vom Baum der Erkenntnis stammte. Da beide davon aßen und Gott dies aber verboten hatte, wurden sie aus dem Paradies vertrieben.

Ja, so war´s. Gott verbot den Menschen Erkenntnis. Ohne weitere Erklärung. Es sollte nur gehorcht werden. Ein Warum, die Grundfrage allen Wissen-wollens, die wichtigste Frage bei kleinen Kindern, die Ur-Frage aller Wissenschaften ... nicht erlaubt. Blinder Gehorsam. Und am Ende wird jedem Neugeborenen ein moralischer Makel angeheftet. Einem Baby! Wie absurd!

Bis zur Taufe…

Ich hab´s schon kommentiert. So ist es. Aber, es ist ja nur eine These, die nicht von allen geteilt wird. Bei anderen gibt es die hochsexualisierte Vorstellung von erwartungsfrohen 72 jungen Damen. … Die Vorstellung kann ja auch belastend sein … Aber allen gemeinsam ist, dass wir nichts Ernsthaftes darüber sagen können.

Und trotz dieser Unwissenheit spinnen sich darum unendlich viele Ideen, wie es sein könnte. Die Geschichten füllen Bücher, Steintafeln, Papyrusrollen. Die Fantasien dazu sehen jedes Mal anders aus. Auch die Vorschriften darüber, wie man möglichst unbeschadet in die unbekannte oder im schlechtesten Fall nicht existierende Welt gelangt. Gibt es denn geschickt versteckt irgendwo harte, belastbare Fakten? Ein Faktencheck wäre nicht schlecht, ja, sogar angebracht! Das würde sicherlich hart werden, aber wäre durchaus fair! So bietet eben auch das Christentum ein ausgeklügeltes und detailreiches Aufenthaltssystem je nach Lebensleistung an. Und das alles führt dazu, dass in unterschiedlicher Dosierung Menschen ihr Leben davon beeinflussen lassen! Sie wissen doch: „Der liebe Gott sieht alles!", so sagen es zumindest einige Menschen.

Daran halten sich aber bei weitem nicht alle und lassen sich davon beeindrucken.

Nein. Machtmissbrauch und Gewalt gibt es bei manchen Mächtigen, die sich aber trotzdem auf einen Gott berufen und eben keine Atheisten oder Agnostiker sind.

Und bei den Kleinen Leuten?

Dazu kann ich keine allgemein gültige Aussage treffen. Das wäre unredlich und im Einzelfall verletzend. Es wird dazu vermutlich auch keine Umfragen geben. Aber vielleicht wäre es interessant einmal danach zu fragen, wie viel Sorge im irdischen Handeln darin steckt, dass vielleicht doch in der Zeit danach jemand eine Rechnung präsentiert? Zumal die Bezahlung dann für die Ewigkeit aussteht.[2] Man weiß ja nie.

Denken Sie dabei auch an solche Aussprüche von Geistlichen wie: „Ohne einen Gott stürzt alles ins Verderben?" oder „Ohne Gott gibt es keine Moral mehr!"

Ja. Das wird gläubigen Menschen gegenüber gesagt. Das stimmt aber eben nicht, denn Not und Leid besitzen eine Unmittelbarkeit, die Menschen Empathie empfinden lassen. Wir können die seelischen und körperlichen Schmerzen mitempfinden. Direkt und unmittelbar. Zum Mitmenschen führt eben ein direkter Weg, ein Umweg ist nicht notwendig.

Nun wäre ja beides möglich.

Inwiefern?

Sie helfen aus Mitgefühl und machen dies ohne Gottesfürchtigkeit, einfach aus Nächstenliebe.

Da spricht überhaupt nichts gegen. Christen und Atheisten treffen sich beim gemeinsamen Tun in Solidarität und Nächstenliebe.

Das ist eigentlich ein nettes Schlusswort zu diesem Thema.

Man könnte fast „Amen" sagen, aber das lass´ ich jetzt mal lieber.

Wie Sie wollen. Wir springen dann wieder zurück?

Ja.

Ockhams Rasiermesser

Was war nun mit William von Ockham?

Dieser Mann, der ebenfalls ein Kirchenmann war und wegen seines Scharfsinns der Ketzerei bezichtigt wurde, hat schon vor rd. 600 Jahren ein gedankliches Verfahren entwickelt, das widersinnige oder unwahrscheinliche Schlussfolgerungen zu einem zu erklärenden Phänomen ausschließen sollte. Griffiger Weise wurde und wird es als Ockhams Rasiermesser bezeichnet und ist bis heute unter Wissenschaftlern ein anerkanntes Arbeitsmittel ... Sie brauchen nicht zu fragen, ich gebe Ihnen ein konkretes Beispiel, was sinngemäß in einem Buch von Hoimar von Ditfurth beschrieben steht:

Also, wenn Sie z. B. erklären sollten, wodurch ein Kolibri durchs offene Fenster in ihr Wohnzimmer fliegt und möglicherweise auf ihrem Schrank landet, so bestünde zum Einen die Möglichkeit, dies durch eine raumzeitliche Verwerfung zu erklären ... nun ja ... eine wahrscheinlichere Erklärung wäre es jedoch, eine Voliere in der Wohnung eines Nachbarn stand offen und hat den Vogel zu ihnen fliegen lassen. Wofür würden Sie sich entscheiden? Ich gebe zu, es ist eine rhetorische Frage. Ist es denn jetzt aber nicht erlaubt, daraus Schlussfolgerungen zu ziehen...? Was auch immer auf der Welt geschieht: Finde ich dafür eine schlichte Erklärung, so ist sie einer spekulativen, z. B. auf eine höhere Macht begründeten Erklärung, vorzuziehen, da sie die wahrscheinlichere ist. Das könnte man jetzt an unendlich vielen großen und kleinen Beispielen durchdeklinieren. Nur ein Beispiel. Wenn nach dem furchtbaren Erdbeben in Haiti die Menschen fragen, ob das eine

Strafe Gottes sei, und Kardinal Marx dazu kommentierend antwortet, es gebe für viele Fragen keine Antworten - vermutlich mit dem Satz im Hinterkopf: Gottes Wege sind oft unergründlich, sein Wille nicht immer erkennbar - dann ist das einfach falsch, verheerend und auch verdummend! Wenn Menschen in Gegenden wohnen, an denen Erdplatten aufeinander stoßen, so müssen die Menschen leider damit rechnen, dass sie zu Schaden kommen. Es gäbe sehr konkrete Möglichkeiten, das zukünftig zu vermeiden. Die Menschen könnten über die Bedingungen aufgeklärt werden, um dann selbst zu entscheiden, ob sie das Risiko eingehen wollen an dieser Stelle weiter zu leben oder sich woanders anzusiedeln. Mit Gott hat das alles gar nichts zu tun. Die Kirche kann mit ihren Ritualen und den wunderbaren Kirchen und Kathedralen Trost spenden. Das ist ja auch wichtig. Sie sollte aber auch wissen, wann sie ihre sich aus der Plattentektonik ergebenden Grenzen erreicht hat – und schlichtweg schweigen.

Atheistisches Christentum

Sie bieten ein Gedankenspiel an, oder kann man es eine neue Religion nennen? Wie ernst ist das mit einem Christentum ohne Gott gemeint?

Na, wie fänden Sie ein atheistisches Christentum? Es basierte auf dem dokumentierten irdischen Leben von Jesus Christus. Wenn wir nur seine benannten Taten, ohne die übernatürlichen Anteile, als Grundlage nehmen würden, dann könnten die Menschen an das personifizierte Gute glauben. Er half den Armen, er stand für Werte, die bis heute erstrebenswert sind. Mich fasziniert immer noch, dass man selbst seinen Feinden vergeben soll. Was für ein großer Gedanke! In dieser Hinsicht würde ich mich auch als Jesu´ Anhänger bezeichnen können, der aber dem Anspruch natürlich bei weitem nicht gerecht werden kann und dieses übergroße Maß an Großzügigkeit sicherlich nicht immer angemessen umsetzen kann. Aber einem anderen Menschen Vergebung statt Vergeltung anzubieten, ist eine wichtige Möglichkeit, um einen größeren oder kleineren Streit zu beenden.

Mit der Versöhnungskonferenz in Südafrika zur Überwindung der Apartheit ist dieser große Gedanke aufgegriffen worden und auch verhältnismäßig erfolgreich umgesetzt worden. Den gleichen Gedanken äußerte doch auch Papst Franziskus, indem er die kolumbianische Gesellschaft zu diesem Schritt aufrief.

Solche Gedanken, also Jesus ohne Gott zu denken, gab es schon. Das wissen Sie?

Ja. Einschränkend muss ich sagen, ich weiß es jetzt. Als ich mir das erste Mal darüber Gedanken gemacht hatte, entstand die Frage, ob ohne einen Gott überhaupt noch etwas vom Christentum übrig bliebe, das hilfreich sein könnte. Die Antwort ist natürlich: Ja! Jesus ohne Gott zu denken, ist möglich!

Dorothee Sölle hatte diese Überlegungen schon vor einigen Jahrzehnten. Unter dem Eindruck des Holocaust stellte sie die Existenz Gottes infrage. Sie formulierte sogar den Satz: „Gott ist tot!" Trotzdem war sie aber keine Atheistin!

In der Tat sollte das von meiner Seite aus eher ein Gedankenspiel gewesen sein als ein realer Versuch, eine neue Glaubensrichtung zu kreieren.

Jesus und „Stille Post"

Zumal Sie im Traktat noch weitere Fragen zur vermeintlich realen Person von Jesus aufgeworfen haben.

Richtig. Denn was können wir wirklich über die Ereignisse sagen, wenn von niemandem - auch nicht aus den Kirchen - bestritten wird, dass eine schriftliche Zusammenfassung erst im zweiten Jahrhundert entstand? Was das bedeutet, kann man vielleicht an einem banalen kleinen Gesellschaftsspiel klarmachen.

Sie kennen das Spiel „Stille Post"?

Ich entsinne mich noch von einigen eigenen Geburtstagen zu Kindeszeiten daran. Es ist etwas aus der Mode gekommen.

Das scheint mir auch so. Was passiert dabei? Ein beliebiges Wort oder ein Satz, ganz schlicht und klar verständlich, wird immer flüsternd über mehrere Personen bis zum Ende der Spielteilnehmer weitergesagt. Am Schluss wird das Ergebnis laut verkündet: Es ist generell unverständlich, also Nonsens. Die Analogie liegt hoffentlich nahe, dass jedes nicht selbst erlebte Ereignis durch Weitersagen verändert wird und der authentische Inhalt und auch der Charakter der Informationen verloren gehen können. Kurz gesagt: Vergrößert sich die Distanz zu den Ereignissen, reduziert sich die Differenziertheit der Wahrnehmung. Genau genommen können schon zwei Personen, die das Gleiche erlebt haben, völlig unterschiedliche Interpretationen davon haben. Dieses Problem hat z.B. die Polizei, wenn sie Zeugenaussagen zu einem Unfall aufnimmt. Es gibt oft gravierende Differenzen in den Aussagen, obwohl alle Augenzeugen des Geschehens waren. Ähnliches gibt es in der Schule oder generell in sozialen Gruppen: Da hat jemand etwas über jemand anderen gesagt. Das braucht nur eine schlichte Information gewesen zu sein und schon beginnen die Interpretationen und Missverständnisse: Fehlt das direkte Erleben der Situation, so fehlen automatisch die in diesem Zusammenhang gesagten Sätze und auch der Tonfall. Es gibt geradezu wunderbare Missverständnisse, wenn Ironie im Spiel ist: Wird nur die reine Information weitergegeben, so fehlt die vom Verfasser eigentlich gemeinte Bedeutungsumkehrung des Satzes. Sie landen schlagartig beim Gegenteil des Gesagten und Gemeinten. Wenn Sie jetzt überlegen, wie die Bibeltexte zustande gekommen sind, dann kann man nicht herausfinden, was Fiktion ist und was Wahrheit: Welche Intentionen hatten die Schreiber, waren sie uneigennützig, verfolgten sie eigene Interessen, wollten sie sich ein Denkmal durch die Texte setzen, sollten sie Erwartungen anderer erfüllen, gab es Machtinteressen?

Mehr noch: nehmen wir das schon bekannte Beispiel der „jungen Frau Maria", das durch die Übersetzung aus dem Hebräischen zur „Jungfrau Maria" wurde. Welche Auswirkungen hatte das gerade auf katholisch gläubige Menschen? ... über die Jahrhunderte, für zig Generationen, bis heute? Wie wurden durch dieses Dogma der Jungfräulichkeit Lebensläufe beeinflusst! Schande und Sünde sind damit verknüpft, Isolation, Ausgrenzung und mit Sicherheit auch Gewalt. Und das ist dann der Glaube? Das soll Gottes Allmacht begründen? Nein, denn es ist Menschenwerk! und vom nicht existierenden Teufel nur unweit entfernt. Was soll auch dabei herauskommen, wenn wohl die Urtexte zuerst vom Hebräischen ins Aramäische übersetzt wurden, dann ins Griechische, dann ins Lateinische, schließlich auch noch von Luther ins Deutsche. Das Ganze erstreckte sich also über Jahrhunderte. Dabei sollen sich manche Übersetzer um Wort-für-Wort-Übersetzungen bemüht haben, andere wieder großzügiger mit dem Ursprungsmaterial umgegangen sein. Luther suchte sogar nach griffigen Wendungen, die unsere Sprache bis heute beeinflusst haben, aber eben nur die individuelle Deutung des Übersetzers, also in dem Fall Luthers, widerspiegeln...

...Mittlerweile ist sogar bekannt, dass das erste Fragment des Neuen Testamentes selbst schon eine Abschrift ist...

Wahre Bibel

…na bitte, unter all diesen Umständen kann die Bibel nicht als authentische Schrift Gottes gewertet werden. Die Inhalte halten keiner ernsthaften Wahrheitsprüfung stand, da sie sich als Inbegriff der göttlichen Wahrheit ad absurdum führen. In ihr werden Dinge behauptet, die sich als falsch erwiesen haben. Um ein weiteres Beispiel für den rein menschlichen Charakter und Ursprung zu nennen, kann man sich folgendes vergegenwärtigen: Wenn behauptet wurde, die Erde sei eine Scheibe, warum konnten die Bibelschreiber nicht korrekt erkennen, dass die Erde rund ist, genauer gesagt, einer Kugel ähnlich? Warum konnten sie nicht erkennen, dass sich die Erde um die Sonne dreht und nicht umgekehrt? Wie konnte geschrieben werden, dass die Erde sogar der Mittelpunkt des Universums sei? Eine göttliche Erkenntnis, so es sie gegeben hätte, müsste den damaligen Gelehrten doch die wahren Bedingungen vermittelt haben können. Hier zwei vorstellbare und wahrhaftige, aber eben ausgedachte Bibelzitate:

> „…und wenn du die Erde in ihrer unvergleichlichen Schönheit beschreibst, so sage Ich dir, sie ist eine Kugel! Du kannst

es in deiner Unvollkommenheit nicht wahrnehmen. Aber so ist es!"

„…und siehe! Deine Erde ist nicht der Mittelpunkt der Welt, auch, wenn du es noch glaubst. Sie ist ein kleiner Planet, der um die Sonne kreist und sich mit Milliarden anderer Planeten durch das All bewegt. Du bist blind für diese Erkenntnis, aber vertraue mir, so, wie du mir immer vertrauen sollst."

Aber, Fehlanzeige! Da diese höhere Instanz fehlt, konnten die Forscher sich nur auf ihre eigene Wahrnehmung verlassen und das Augenscheinliche formulieren. Dann ist es völlig verständlich, dass ein Mensch glaubt, die Sonne kreise um die Erde. Warum auch nicht, da vom damals allein möglichen Blick eines Menschen von der Erde zur Sonne die Sonne ja scheinbar wirklich die Bewegung vollführt und die Erde stillsteht. Ebenso ist die Erdkrümmung nicht ohne weiteres erkennbar und der Schluss liegt nahe, die Erde sei platt und nicht kugelförmig. Das zeigt jedoch nur, dass keine höhere Erkenntnisinstanz existiert, sondern alle Erkenntnis allein durch die Verbesserung der Erkenntnisfähigkeit des Menschen, z.B. durch bessere technische Geräte, möglich war (Fernrohr, Verbesserung optischer Linsen). Hätte ein Gott die Bibel wirklich geschrieben oder auch nur die Hand eines Menschen dazu geführt, müsste das Buch der Bücher an vielen Stellen aus einem anderen Inhalt bestehen und die von mir konstruierten Bibelstellen zumindest in den verwendeten Fakten darin vorkommen! So spiegelt die Bibel nur die Unwissenheit der Menschen wider!

Darf ich Sie kurz unterbrechen?

Bitte.

Sie gehen mit der Bibel etwas großzügig um.

Warum?

Es gibt keine Stelle, in der die Erde als Scheibe beschrieben wird.

Pardon, Sie haben Recht.

In der Antike war schon bekannt, dass die Erde keine Scheibe ist. Auch unter den Gelehrten des Mittelalters war diese Erkenntnis verbreitet. Das sollte schon beachtet werden!

An dieser Stelle der Aufzählung bin ich immer etwas lax, denn auch die anderen erwähnten Erkenntnisse hätten sich durchgesetzt haben können, das taten sie aber nicht, denn sie wurden unterdrückt. Wissen allein reichte nicht. Danke für den Hinweis.

Keine Ursache.

Man kann wohl sagen, ohne vermessen zu sein, dass die Bibel sich überhaupt nicht für die Erklärung naturwissenschaftlicher Phänomene eignet und es darüber hinaus wohl auch zulässig ist, zu behaupten, dass zu *keiner* Zeit die Naturgesetze außer Kraft gesetzt waren. Betrachtet man beispielsweise Gewitter mit Donner und Blitz, Nordlichter, Unwetter mit Missernten, Sonnen- und Mondfinsternisse, so ist die Erkenntnis heute: Es ist alles irdisch und naturwissenschaftlich erklärbar. Die Interpretation früher: Gottes Wille, Gottes Zorn, Gottes Antwort auf was auch immer.

Der Satz bleibt gültig, dass uns die Kirche über Jahrhunderte in die Irre geführt hat und ihr Fortschritte u.a. in Kunst und Wissenschaft immer erst mit großem Aufwand abgetrotzt werden mussten. Unsere Gesellschaft heute, wäre eine andere...

Apropos Bibel und Naturwissenschaften. Hatte nicht Sigmund Freud einmal aufgelistet, mit welchen Zumutungen die Kirche und der heutige Mensch leben müssen?

Sie meinen, welche neuen Sichtweisen durch erweiterte wissenschaftliche Grundkenntnisse notwendig wurden?

Ja.

Warten Sie,... ich hab das immer auf so einem kleinen Zettel zu stehen (...) find ich jetzt nicht. Na, vielleicht geht's auch so: Es ging los mit der Astronomie, denn mit Kopernikus stürzte der biblische Himmel ein. Die Erde war nicht mehr der Mittelpunkt des Universums, ja nicht einmal des eigenen Sonnensystems...

...mit Darwin verlor der göttliche Schöpfer in der Biologie seine Hoheit über die Entstehung der pflanzlichen und tierischen Natur und der Mensch wurde ein Teil des Tierreiches...

...wenn auch in gehobener Stellung. Danach kam Sigmund Freuds Psychoanalyse, wodurch der Mensch als triebgesteuert und vom Unterbewussten aus agierend beschrieben wurde.

Wobei natürlich nicht alles stimmen muss. Manches entwickelt sich ja auch weiter.

Aber es war wohl doch die erste wissenschaftliche Systematik über diesen Bereich. Es entstanden Begrifflichkeiten, mit denen man sich auseinandersetzen konnte.

Durchaus. Man könnte diese Auflistung aus heutiger Sicht sicherlich noch erweitern zum Beispiel durch Alfred Wegener. Denn durch ihn wissen wir, dass sich die Erdoberfläche in ständiger Bewegung befindet und z.B. Erdbeben durch die Kontinentalverschiebungen entstehen und nicht durch Gott. Das kam eben schon beim Thema Erdbeben und Haiti zur Sprache.

Sie haben Recht. Theorien, die von einer statischen und von jeher unveränderten Gestalt der Erde ausgingen, gab es bis ins 19. Jahrhundert. Die Erde musste nach diesen Theorien seit ihrer Erschaffung immer gleich geblieben sein, da sie ja Bestandteil eines Gottesplans war. Ich finde es erstaunlich, dass sich solche Gedanken so lange halten konnten.

Zu Alfred Wegener ist aber noch mehr zu sagen. Bei seiner Grönland-Expedition im Jahr 1930 kam einer seiner Begleiter auf die Idee, die Zusammensetzung des Eises durch eine Bohrung zu erforschen.

Sie meinen die Nutzung von Eisbohrkernen für wissenschaftliche Zwecke?

Ja.

Was kann man sich darunter genauer vorstellen?

Der Begriff gibt, so denke ich, schon eine gewisse Richtung. Mit einem Metallrohr - mittlerweile einem sehr langen Metallrohr - werden Bohrungen ins Eis durchgeführt, die bis 4000 Meter tief gehen können. Im Hohlraum des Rohres sammelt sich das aus dem Eismantel der Arktis oder der Antarktis herausgeschälte Eis. Das Besondere: In ihm sind Luftbläschen eingeschlossen, die die authentische Zusammensetzung der Atmosphäre zu einem bestimmten Zeitpunkt beinhalten.

Sozusagen ein Archiv der Erdatmosphäre über lange Zeiträume?

So ist es. Es ist durchaus vergleichbar mit Erkenntnissen, die man aus den Jahresringen eines Baumes über seine Wachstumsbedingungen ziehen kann. Die Erkenntnisse reichen jedoch weit darüber hinaus, denn es ist möglich, z. B. die Lufttemperatur, die Zusammensetzung der Luft in ihren Gasanteilen oder die sich zu einem bestimmten Zeitpunkt in der Luft befindlichen Schwebeteilchen, den sog. Aerosolen, genau festzustellen. So können Vulkanausbrüche nachgewiesen und mit anderen Daten verglichen werden.

Ich sehe ein Leuchten in Ihren Augen! Was erfreut Sie so?

Weil man sehr weitreichende Schlussfolgerungen daraus ziehen kann!

Wir haben es hier mit einer Beweiskette auf analoger Basis zu tun, die einen Einblick in einen Zeitraum von rd. 900.000 Jahren ermöglicht! Es besteht sogar die Chance, in einem zukünftigen Forschungsprojekt noch viel weiterreichende Einblicke zu bekommen, die 1,5 Mio. Jahre umfassen.

Wenn Sie sagen, dass meine Augen leuchten, dann deswegen: Hardcore-Gläubige versuchen ja auf Deibel-komm-raus auf die Jahreszahl 6000 zu kommen. Sie soll sich aus der Bibel ableiten lassen. Was in dieses Konstrukt nicht passt, wird passend gemacht. So wird versucht, Fakten, die naturwissenschaftlich nicht zu leugnen sind, in einen zeitlich unbestimmten Bereich davor zu legen, der dann „voradamitisch" genannt wird – meint also eine Zeit vor Adam.

Ich muss an dieser Stelle aber noch ein wenig weiter ausholen.

Gut. Machen Sie das!

Ich versuche mich kurz zu fassen. In muslimischen Foren bzw. religiösen Portalen wird selbstverständlich auch über Zeitangaben im Koran und somit über die Entstehung der Erde diskutiert. Je nach Rechnung kommt man dort auf die berühmte Woche oder auf einen kürzeren Zeitraum. Dabei wird auf die Allmacht Allahs hingewiesen, indem man erklärt, dass es auch auf mehr als eine Woche mit je 24 Stunden für die Erschaffung hinauslaufen kann. So könnte ein Tag, um eben alles zu schaffen, auch 50.000 Jahre dauern... - Ob dann der Sonntag, als Ruhetag wieder nur 24 Stunden hat, bleibt offen...

Wissen Sie, worauf das Ganze hinausläuft?

Alle Zeiträume liegen weit unter den 900.000 Jahren?

So ist es! Mit den Eisbohrkernen benötigen wir keine komplizierten Auswertungsmodelle oder Computerberechnungen, denen ein Rechenfehler unterstellt werden könnte, um dann doch eine heilige Schrift als Wahrheitsüberbringer zu favorisieren. Nein! Denn hier liegt in fast banal zu nennender Form, Jahr für Jahr, Epoche für Epoche, analog, also schlichtweg mechanisch aneinandergereiht, die Erdgeschichte vor uns.

Haben Sie mal einen Schluck zu trinken?

Pardon, natürlich... - ...nun, von einer schlichten Aufzählung sind wir jetzt doch sehr in die Tiefe gegangen. Ist die Aufzählung denn vollständig?

...Vielleicht sollte man noch die Rolle der Frau mit in diese Reihe aufnehmen, auch wenn die Erkenntnis aus der schlichten Alltagserfahrung stammt und keine Wissenschaftler damit einen Paradigmenwechsel eingeläutet haben. Aber was wurde und wird heute noch über die angebliche Stellung der Frau aus religiöser Sicht behauptet? Das ist alles durch das Leben widerlegt. Warum die Frau dem Manne untertan sein sollte und auch heute noch züchtig den Kopf zu senken hat, ist nicht mehr nachvollziehbar. So etwas kommt nur noch in Albträumen oder in der islamischen Welt vor.

Wobei es hier natürlich auch Abstufungen gibt...

...keine Frage...

Bibel mit freundlichen Interpreten

...aber das ist nicht unser Schwerpunkt. Neben diesen eben beschriebenen naturwissenschaftlichen oder geisteswissenschaftlichen Aspekten schreiben Sie auch etwas über die gegenwärtige Deutung und Anwendung der Bibel in Europa.

Die Interpretation der Bibeltexte in Mitteleuropa ist eher fürsorglich. Sie will dem gläubigen Menschen - vielleicht sogar darüber hinaus - eine Stütze und Orientierung im Alltag geben. Das gefällt mir ganz gut. Es wird bei aufgeklärten Geistlichen nicht gedroht und mit Angst gearbeitet. Ich schätze solcher Art Lebenshilfe. Denn Hilfe kann es nur ohne verbale und ohne körperliche Gewalt geben. Und natürlich ohne jegliche Ausgrenzung. Dann kommen sich nach meiner Ansicht der christlich gelebte Glaube und eine atheistische Haltung sehr nahe. Das Thema hatten wir gerade gestreift. Ich meine natürlich einen auf ethischen Werten basierenden Atheismus… keinen, wie er zu Ostblockzeiten an vielen Stellen praktiziert wurde.

Sie meinen die Diskriminierung von Christen in der DDR?

Wenn Jugendliche aus Pfarrersfamilien z. B. nicht studieren durften oder die Eltern im Alltag schikaniert wurden. So etwas ist indiskutabel und verträgt sich nicht mit dem Humanismus, wie ich ihn verstehe.

Behinderung und Homosexualität

Kommen wir aber doch noch einmal auf die eben besprochene Auflistung. Sie scheint mir nicht ganz vollzählig, da Sie in Ihrer Schrift

auch über den Blick der Kirchen auf Behinderungen und Homosexualität sprechen.

Das stimmt. Das sollte ich noch ergänzen. Zum Thema Behinderung muss, glaube ich, nicht mehr viel gesagt werden, denn die Bewertung von Behinderung als eine Strafe Gottes mit Ausgrenzung und Verachtung hat sich seit Jahrzehnten grundlegend geändert, so dass heute die Fürsorge und die Minderung des Leids völlig im Vordergrund stehen. Nach dem Ende der Nazizeit und dem Ende der Gräueltaten an behinderten Menschen spielen diese Gedanken keine Rolle mehr. Weder im religiösen noch weltlichen Rahmen. In anderen Weltreligionen findet sich diese Auffassung, dass Behinderung eine göttliche Strafe für Fehlverhalten ist, aber schon noch wieder.

Z.B. in Indien.

Ja, oder im ultraorthodoxen Judentum.

Dann gehen Sie doch bitte noch auf den anderen Teil ein.

Homosexualität widersprach der christlichen Regel, dass nur Mann und Frau eine Beziehung eingehen können, da sie alleine durch den Zeugungsakt neues Leben geben können und damit göttlichem Gebot entsprechen.

Die Ehe galt als einzig legitime Verbindung zwischen Mann und Frau und hatte bis zum Tode zu dauern. Kinderlosigkeit galt als Schande und wurde mit einer göttlichen Bestrafung in Verbindung gebracht. Die katholische Kirche kämpft heute immer noch mit der Ehe, der wahren Liebe und außerdem zu oft noch mit der zu verleugnenden Sexualität bzw. Homosexualität ihrer Vertreter. Aber eigentlich ist die Zeit und das gelebte Leben der Gläubigen schon darüber hinweggegangen. Ich finde es wunderbar, dass davon nichts mehr übrig geblieben ist. Zumindest, was die Bundesrepublik und die meisten europäischen Staaten angeht. Hier finden sich alle heiligen Grundsätze erfolgreich widerlegt und in die Bedeutungslosigkeit getrieben. Und in Deutschland ist alles auf die Spitze getrieben und hat zu kabarettistischen Beiträgen geführt, da diese Entwicklungen sich vollständig in der politischen Spitze des Staates wiederfinden.

Was spiegelt sich denn dort alles wider?

Zu allererst, wir leben in einer Demokratie, die von Gottes Gnaden völlig unabhängig ist. Die führende Person im Staate ist eine Frau. Sie ist zwar verheiratet, die Ehe ist jedoch kinderlos, obwohl sie eine Pfarrerstochter ist. - Also aus christlicher Sicht doch eher befremdlich! - Der ehemalige Außenminister Westerwelle war homosexuell und lebte in einer gleichgeschlechtlichen Ehe. Der vormalige Finanzminister Schäuble saß durch ein Attentat im Rollstuhl. Der zurückgetretene (und katholische) Bundespräsident Wulff löste eine vor Gott geschlossene - und damit eigentlich ewige - Verbindung, um nochmals heiraten zu können.

Es hat in der Tat etwas Kurioses!

Bis vor kurzem war diese Auflistung damit abgeschlossen. Sie ist an sich schon bemerkenswert. Die einzige Variante an gottloser Abweichung, die noch fehlte, war ein zusammenlebendes Paar, das nicht den kirchlichen Bund fürs Leben geschlossen hatte, sondern wild zusammen lebte. Die Komplettierung schaffte nun unser ehemaliges Staatsoberhaupt Gauck, der zudem ein ausgebildeter Pfarrer ist und immer noch mit seiner eigentlich angetrauten Frau verheiratet ist, aber schon seit Jahren in seiner neuen Beziehung lebt. Oder ist er mittlerweile geschieden? Mehr Gottlosigkeit geht meiner Meinung nach nicht. Es funktioniert trotzdem. Niemand kann guten Glaubens behaupten, dass dieser Staat gerade Richtung Hölle fährt!

Sicher. Keine Frage! Das ist ohne Zweifel Wasser aufs Mühlrad.

Gott ist nirgendwo, der Mensch ist aber überall und verändert Regeln nach seinem Belieben. Nie regt sich göttlicher Widerspruch, sondern die Menschen machen einfach: Was zuerst Gottes Wille war, stellt sich im Nachhinein als des Menschen Werk heraus. Und zu jeder Zeit wurde der gerade aktuelle Stand des Glaubens an Macht, Frauenrolle oder Naturereignisse angepasst.

Glauben-Wissen-Tod

Machen wir an dieser Stelle einmal einen kräftigen Schnitt. Dieser eben besprochene Teil hat auf jeden Fall viel Amüsantes. Nun gibt es aber auch andere Themenbereiche, die sehr existenziell sind und in denen die Kirchen meines Erachtens schon wichtige Angebote für die Menschen machen. Wie stellt sich das für Sie z.B. mit dem Thema Tod dar? Haben Sie da keine Fragen, Zweifel, Bedenken?

… Ach, wissen Sie, ich kann es sehr gut verstehen, wenn die Menschen das sehr begrenzte irdische Leben durch eine künstliche Vision verlängern, ja unendlich werden lassen wollen. Ich würde mich dieser Vorstellung sehr gerne anschließen, weil ich auch nur ungern so spurlos und auf Dauer unter der Erde verschwinden möchte. Aber jede Hoffnung und jeder Glaube braucht doch eine Basis, den Schimmer einer Wahrscheinlichkeit, darauf weise ich an verschiedenen Stellen hin! Doch selbst überzeugte Christen müssen an dieser Stelle anfangen zu faseln, verzeihen Sie diesen Ausdruck, ich habe eigentlich großen Respekt z.B. vor Herrn Drewermann oder Herrn Küng. Sie sind für mich sehr ehrenwerte und authentische Persönlichkeiten. Aber auch sie können zu diesem Punkt keine glaubhafte und ernstzunehmende Aussage machen. Herr Küng ist so ehrlich und aufgeklärt, dass er dies auch so sagt, dass es keinerlei Gewissheit über das Leben nach dem Tode gibt. Er glaubt es eben. Die Vorstellung ist ohne Zweifel angenehmer, wenn ich davon ausgehe, vielleicht sogar noch die Verwandtschaft, so man sie mag, wieder zu sehen. Es gehört sehr viel Mut dazu, die Konsequenzen aus der Datenlage zu ziehen. Aber niemand hat jemals irgendetwas Ernsthaftes aus dem Jenseits vernommen. Es stürzt damit eine überdimensionale Vorstellungswelt zusammen und kann nicht durch eine andere, ähnlich angenehme, ersetzt werden. Das ist und bleibt keine schöne Perspektive. Wir können nur lernen, sie zu akzeptieren, da es zu den Dingen gehört, die wir nicht ändern können.

Helmut Schmidt konnte sich mit der Vorstellung anfreunden, dass wir Teil eines ganz großen Kreislaufes sind, der seit Beginn unserer Erde in einem ewig währenden biologischen Werden und Vergehen besteht. In diesem Rahmen sind Leben und Tod sehr sinnhaft eingebunden. Es kann etwas Erhabenes haben, Bestandteil dieses Zirkels zu sein. Ob es trösten kann, bleibt natürlich offen und jeder muss für sich eine Antwort finden. Aber manchmal hilft es, wenn eine anerkannte Person sich zu einem solchen Thema mit seiner Meinung äußert. Ich kann aber durchaus verstehen, wenn man trotzdem mit seinen Vorstellungen zu einem Lieben Gott zurückkehrt!

Zu einer ehrlichen Klärung sollte man sich ihrer Schrift folgend zwei Fragen stellen: Was wissen oder sehen wir und was interpretieren oder wünschen wir uns.

Diese Fragen sollen eine Trennung vom sichtbar Erlebten und - im Gegensatz dazu - der Interpretation und Deutung des Erlebten ermöglichen. Es ist oftmals ein Problem, diese beiden Punkte voneinander ausreichend zu unterscheiden.

Sie meinen, wir wünschen und deuten mehr, als wir wissen?

Wenn ich dafür einen kleinen Ausflug in die Pädagogik machen darf?

Wenn es hilft…

Gut. Das hoffe ich. Wie oft wird z.B. in der Schule einem Kind ein bestimmter Charakter zugeschrieben: Dieser Junge ist besonders aggressiv. Dieses Mädchen ist oft unkonzentriert und redet mit ihrer Nachbarin. Ein Schüler schaut aus dem Fenster und richtet seine Aufmerksamkeit nicht nach vorne. Man steht in der Gefahr, schnell zu interpretieren ohne die Ursache zu kennen: Nimmt das Kind sich einfach eine kleine Pause? Ist der Unterricht langweilig, hat es Probleme mit Schülern aus der Klasse, gibt es Zuhause Schwierigkeiten, usw.? Das sind natürlich nur einige Möglichkeiten.

Nun, man könnte fragen.

Natürlich. In diesem Beispiel aus dem Unterricht ist das eine passende Reaktion. Aber bei religiösen Fragen wird es schwierig, da es immer nur Menschen sind, die im Namen eines nicht erscheinenden Wesens reagieren und kein Dialog und kein Nachfragen über die ersichtlichen Bedenken möglich ist, da die vermeintliche Gegenseite nicht antworten kann oder will.

Beim gemeinsamen Blick in die Zukunft können alle nur bis zum letzten Tag sehen. Niemand blickt darüber hinaus. Der Unterschied liegt nur darin, dass sich die Einen eine Beruhigungspille von einer „Gesellschaft mit beschränkter Haftung" haben geben lassen, die auch gerne genommen wird, und die Anderen ohne sie auskommen wollen bzw. auskommen müssen. Wobei man daran erinnern kann, dass sich genau zu diesem Thema, also dem Verhältnis von Leben, Tod und dem nachfolgenden Ungewissen schon ein Philosoph der Antike geäußert hat, ich meine Epikur, der vielleicht mit seinen Überlegungen doch auch helfen kann. Der Satz ist vermutlich vielen schon einmal begegnet. Er lautet sinngemäß: Da wo Leben ist, ist der Tod nicht und wo der Tod ist, ist kein Leben. In gewisser Weise wird der Tod dadurch doch recht uninteressant, denn wir bekommen davon nichts mehr mit.

Es mag sein, dass diese Überlegungen der Einen oder dem Anderen helfen können…

…doch zumindest im Einzelfall…

Lebenssinn

Das ist nicht auszuschließen, trotzdem muten Sie mit dieser Position vielen Menschen sehr viel zu, zumal auch andere Fragen damit

in Verbindung stehen, die doch weiter verunsichern. **Können Sie denn überhaupt etwas Positives zu der Frage nach dem Sinn des Lebens sagen?**

Selbstverständlich und aus tiefstem Herzen: Ja! Haben Sie denn den Eindruck, dass ich von tiefster Depressivität zerfressen vor Ihnen sitze?

Nein, eher nicht!

Das freut mich, denn die Möglichkeit, Freude zu empfinden, ist uns doch universell gegeben und von höheren Wesen absolut unabhängig, ebenso – wie schon erwähnt - die Fähigkeit zur Empathie.

Damit ist meine Frage aber nicht beantwortet.

Freude und auch Zufriedenheit empfinden zu können, sind Bestandteile der Antwort, die aber auf jeden Fall dazu gehören. Von *dem* Sinn des Lebens reden zu wollen, halte ich jedoch nicht für sehr hilfreich. Wenn Sie Menschen befragen, was sie zufrieden und glücklich macht, dann werden Sie fast so viele unterschiedliche Antworten bekommen, wie Sie Personen befragen. Es gibt ein Recht auf den eigenen Sinn fürs Leben...

...Was verbinden Sie mit der Aussage, man hat ein Recht auf den eigenen Sinn fürs Leben?

Vielleicht lässt sich das an folgendem Beispiel verdeutlichen: Es ist noch nicht sehr lange her, da galten für Frauen die drei K´s. Gemeint waren damit die Anfangsbuchstaben der Wörter Kinder, Küche, Kirche. Sie sollten die Aufgabebereiche benennen, in denen und mit denen sich eine Frau zu beschäftigen hatte. Mutter, Hausfrau, Gläubige. Damit waren die Rollen einer Frau komplett umschrieben. Mehr gab es nicht.

Ist das nicht schon sehr lange her?

Während des Sozialkundeunterrichtes in meiner Schulzeit war das noch ein Thema, also in den 70er Jahren. Bayern mit seinen sehr konservativen Traditionen wurde immer als Beispiel genommen. Auch ohne dieses Beispiel galten zu dieser Zeit noch Gesetze, wonach eine Frau ihren Ehemann fragen musste, ob sie einer beruflichen Tätigkeit nachgehen darf. Natürlich kommt dieses Rollenverständnis heute nicht mehr so häufig vor. Aber einen Unterschied zwischen Stadt und Land gibt es vermutlich schon, und ich denke, der Grad der Gläubigkeit spielt dabei ebenso eine Rolle.

Die gesellschaftliche Entwicklung zur Stärkung des Individuums lässt mehr Freiräume entstehen. Mit meiner Formulierung wollte ich den Anspruch auf eine eigene Entscheidung über die Lebensplanung deutlich machen.

Übrigens, als Randbemerkung: Die gegenwärtig in Deutschland immer häufiger vertretene Interpretation des Koran in Bezug auf Frauen, geht genau in diese Richtung der eigentlich überkommenen drei K´s.

Dann belassen wir es auch bei einer Randbemerkung. – Mit dem von Ihnen vertretenen Verständnis von Leben verbindet sich aber auch eine ziemliche Verunsicherung!

Das kann ich nicht leugnen. Wir werden zu Suchenden! Denn der Sinn unseres Lebens fällt uns nicht von selbst in den Schoß.

Das bedeutet aber auch, dass ich scheitern kann!

Das ist wahr. Dies ist jedoch ein Abbild der Realität und vor dem Scheitern schützt Sie nicht unbedingt ein Gottglaube, denn auch daran können Sie scheitern.

Was meinen Sie?

Nicht ohne Grund treten tausende aus den Kirchen aus. Sie halten z. B. das Einreden von

Schuldgefühlen und vermeintlich sündigen Gedanken, die nur vor einer eigentlich fremden Person gebeichtet werden können, für inakzeptabel. Aber wie gesagt, nur ein Punkt. Die Reihe kann man bestimmt noch verlängern.

Dadurch werden aber nicht alle Atheisten.

Nein, manche suchen nach anderen Glaubensrichtungen oder leben einen Glauben außerhalb der offiziellen Kirchen. Sie lassen aber auch die ganzen Geschichten mit Gott einfach sein und leben ohne diese Vorstellung.

Und niemand muss in unendliche Tiefen stürzen…?

Warum denn? Die meisten Probleme sind eh weltlicher Natur. Und wenn ein Mensch mit seiner Situation nicht alleine zurechtkommt, so gibt es sehr differenzierte Hilfsangebote…

…Psychologen…

…und andere Hilfen, die mit Sozialarbeit oder ähnlichem zu tun haben können. Wir leben in einem Land, in dem es ein äußerst differenziertes Unterstützungssystem gibt, das von staatlichen und freien Trägern unterhalten wird. Zudem gibt es therapeutisches Malen, Musizieren, Meditieren, Sport, Autogenes Training, Yoga, Tanzen…

...und manchmal hilft auch Gott...

Jaaa... Ich kann mich darauf einlassen, wenn Sie erlauben, dass ich die Formulierung etwas ändere...

...und zwar...

...der Glaube an einen Gott. Denn der funktioniert auch ohne die Existenz eines Gottes. Ich möchte aber noch einmal an etwas anknüpfen, was wir gerade angesprochen hatten. Wenn ich gesagt habe, dass jeder das Recht auf seinen eigenen Lebenssinn hat, dann ist damit aber noch nicht alles gesagt. Denn die Grundlage für ein erfülltes, da sinnhaftes Leben, speist sich nicht aus dem einmal gefundenen Sinn. Dieser Sinn kann verloren gehen. Er kann zu einer Krise führen. Aber die Lebenserfahrung zeigt, dass daraus ein neuer Sinn entstehen kann, der dann wieder emotionale Stabilität gibt und in eine neue Lebensrichtung führt. Der Satz: *Im Schlechten das Gute finden*, wird von Gläubigen und Nichtgläubigen als Chance für die Bewältigung einer Krise aufgefasst.

Erläutern Sie das doch bitte noch weiter!

Gehen wir exemplarisch und im Schnelldurchgang einige Lebensstationen durch. Wenn ein Mensch den Kinderschuhen entwachsen ist, stellen sich viele Fragen nach Beruf oder Studium, Beziehung, Familie oder Single-Dasein. Das sind Entscheidungen zum privaten und beruflichen Umfeld, die für die Freude und die Zufriedenheit eine wichtige Rolle spielen. Nehmen wir in einem positiven Beispiel an, das Leben nimmt seinen Lauf, ohne große Schicksalsschläge, Todesfälle, Krankheit oder Armut. Dann kommt der Tag, an dem die Kinder aus dem Haus gehen. Die Wohnung oder das Haus ist auf einmal leer. Viele Aufgaben, die mit den Kindern verbunden waren, fallen weg. Für eine Beziehung ist das ein Zeitpunkt, wo sich u. U. ein neuer Sinn ergeben muss.

Sie meinen Mama und Papa fallen weg?

Mama und Papa, also die Rollen, existieren zwar noch, aber vorrangig begegnen sich beide wieder mehr als Mann und Frau. Trägt das die Beziehung noch? Ist noch Sinn in der Beziehung? Sie müssen eine alte Entscheidung einer Prüfung unterziehen. Ob das hörbar, also mit Worten und im Austausch geschieht oder im Stillen, jeder und jede für sich, das hängt von den konkreten Personen ab. Aber diese Frage wird so ziemlich in jeder Beziehung eine Rolle spielen. Da bin ich mir recht sicher. Übrigens gibt es eine ähnliche Bilanz- und Entscheidungssituation beim Ausscheiden aus dem Berufsleben.

Auch da muss die Beziehung neu definiert werden?

Ja. Plötzlich geht niemand mehr aus dem Haus. Freiräume standen schlichtweg durch den Arbeitstag zur Verfügung. Nun sitzt man sich im schlechten Fall „auf der Pelle". Oder man kann die neuen Optionen gemeinsam gestalten.

Sie stellen die Beziehung zwischen zwei Menschen in den Mittelpunkt ihrer Erklärung.

Das sollte eine Variante für ein Leben mit Sinn sein. Genauso gut kann es Sinnhaftigkeit geben ohne einen direkten Partner. Die Großmutter meiner Frau, sie wurde übrigens über 90 Jahre, lebte Jahrzehnte alleine. Sie war sehr humorvoll. Zufriedenheit geht eben auch anders; wenn man keine Vorgaben macht, können das unendlich viele Lebenserfüllungen sein. Aber Sie haben Recht. Es hat mit Menschen zu tun. Eine große Kraft liegt im Füreinander-dasein.

Das habe ich aber irgendwo schon einmal gehört!? - War das nicht vor kurzem in einer Kirche oder sogar in einer Synagoge? Lassen Sie mich kurz noch einmal überlegen...

Sie wirken überrascht?

Wie groß ist denn nun die Differenz zwischen einem Atheisten und einem Christen?

Manchmal groß und manchmal klein. Hier ist er ziemlich klein. Aber das ist doch auch gut so. Wenn wir über Stabilität im Leben und pauschal über den Sinn des Lebens sprechen, dann spielen Menschen eine enorme Rolle. Für mich steckt darin die zentrale Kraft. Wenn ich mich für andere Menschen einsetze, dann bekomme ich viel, sehr viel zurück und es kann sogar glücklich machen. Das ist eben auch ohne Familie möglich und kann im Beruf oder in der Freizeit Bedeutung haben. Darin steckt u. U. sogar die Erfüllung. Bei einem Stapel Akten kann man sich das weniger vorstellen. Aber das mag jemand anderes auch anders sehen...

...die Stadtreinigung...

Seele

... Ohne Zweifel. Die Herstellung von geschlossenen Kreisläufen ist eine hoch angesehene und ökologisch bedeutsame Sache.

Aber neben dem kleinen Ausflug in die Abfallwirtschaft bleibt die Frage - bei aller Sympathie, die immer wieder einmal bei Ihnen durchkommt - worin unterscheiden sich Atheismus und religiöse Weltanschauungen. Beim

Thema Seele trennen sich doch aber die Geister!?

Ohne mich in der Atheistenszene auszukennen ... sofern es die überhaupt gibt? ... habe ich schon häufiger aus dieser Denkrichtung gehört, dass die Existenz einer Seele rundweg abgelehnt wird. Ich glaube aber, dass es etwas in uns gibt, was ich durchaus mit Seele bezeichnen würde. Allein in der Sprache finden sich Formulierungen, die jeder verstehen kann und die keinen religiösen Glaubenshintergrund brauchen, auch wenn er vielleicht manchmal besteht, z. B.: das tat in der Seele weh, die Seele baumeln lassen...

... eine Schöpfung von Tucholsky...

...ja, war er gottgläubig? Ich glaube nicht. Aber weiter: Wir sprechen aus gutem Grund von seelischen Verletzungen, die uns zugefügt wurden. Wir können dann zu einem Seelendoktor gehen, der hoffentlich helfen kann. Wir sollten unseren Seelenfrieden finden ... Alles Worte, mit denen man etwas anfangen kann.

Die Vorstellung, dass es so etwas wie eine Seele gibt, hängt sicherlich auch damit zusammen, dass wir in uns ein Innenleben wahrnehmen. Dieses Innenleben ist leider nicht aus einem Guss. In der Innenwahrnehmung erleben wir uns widersprüchlich. Es scheinen sich mehrere Parteien darin aufzuhalten, die - zu unserem Leidwesen – unterschiedliche Positionen zu den Dingen des Lebens einnehmen und zum Disputieren neigen. Ob am Ende dieser Auseinandersetzungen etwas Sinnvolles und Hilfreiches herauskommt, ist nicht immer gesagt. Wir empfinden in uns etwas, das wir sowohl als ein Teil von uns ansehen, als auch als etwas von uns Getrenntes.

Sie sprechen für die Erklärung der Seelenexistenz in Ihrem Traktat von der Übersummativität der Biochemie, die das ermöglichen soll. Ich muss gestehen, dass dieser Teil Ihrer Arbeit einige Fragezeichen entstehen ließ. Aber dazu kommen wir sicher noch.

Nun, das kann ich nicht ausschließen. Vielleicht habe ich eine Ahnung, wodurch Ihre Bedenken entstanden sind. Aber es ist wirklich nicht mehr als eine These zu diesem Punkt. Trotzdem einige Erklärungen dazu, die mit Prof. Sauerbruch beginnen, denn von ihm wurde berichtet, dass er zum Problem der Seele sinngemäß gesagt haben soll: „Ich habe alle Teile des menschlichen Körpers genau studiert und in jedem Bereich genau nachgesehen, aber eine Seele habe ich an keiner Stelle gefunden." Das war sicher kein Zufall, denn die Seele ist kein Organ, das man wie Herz oder Leber finden und, wie man so sagt, verorten kann. Am ehesten schien mir immer der Teil des menschlichen Körpers, der weiterhin die größten Rätsel aufgibt und am komplexesten strukturiert ist, dafür in Frage zu kommen, denn das Gehirn entzieht sich bis heute einer exakten Kartierung wo, was, wie geschieht.

Also doch ein Organ als Ort!

In gewisser Weise. Aber wie Sauerbruch schon meinte, auch dort kann man nichts finden, was man bei einer Operation entnehmen könnte. Das Gehirn ist aber in seiner Komplexität dazu in der Lage, die elementarsten körperlichen und anspruchsvollsten geistigen Prozesse zu ermöglichen. Wir steigen bis heute immer noch nicht durch, was da alles passiert.

Welche Bedeutung hat dabei aber die Übersummativität? Den Begriff gibt es z.B. in der Kunst. Was verstehen Sie aber in der Medizin darunter?

Übersummativität entsteht ja immer dann, wenn irgendetwas mehr ergibt als die Summe seiner Einzelteile.

Kommt das auch im Alltag vor, um es verständlicher zu machen, oder ist das etwas rein Akademisches?

Das Prinzip finden Sie z.B. bei Buchstaben.

Inwiefern?

Wir sprechen bei einem Gebilde, das aus drei speziell angeordneten Strichen besteht, vom großen Druckbuchstaben „H", also zwei senkrechte Striche, die durch einen etwas kleineren, der in der Mitte der beiden anderen angeordnet ist, verbunden werden.

Eine interessante Erklärung, aber wie können Sie das auf unser Thema übertragen?

Da ich grundsätzlich davon ausgehe, dass alle Dinge diesseitig und auf natürliche Weise erklärt werden können, bin ich von den nachweisbaren biochemischen Vorgängen im Gehirn ausgegangen und habe ihnen die Fähigkeit zugestanden, Immaterielles zu bilden: So lange diese Prozesse bestehen, besteht auch die Seele. Zerfallen die biochemischen Prozesse, zerfällt auch das, was man als Seele bezeichnen kann.

Mit dem Leben würde dann auch die seelische Existenz beendet sein.

Ja.

Im Prinzip sicherlich nachvollziehbar. Aber, ich finde, mit einem Trick stoßen Sie die Tür auf ins Übernatürliche. Zuerst bestätigen Sie noch einmal, dass alles auf der Welt natürlich

zugeht und im nächsten Moment billigen Sie der Biochemie übernatürliche Kräfte zu. Das geht doch nicht.

Sie haben natürlich Recht. Das geht so nicht. Es war aber der Versuch, etwas zu erklären, worüber es noch keine ausreichenden Informationen gibt. Man greift da zu möglichen Erklärungsversuchen, selbst, wenn man quasi etwas für ausgeschlossen hält. Eingangs hatte ich aber auch gesagt, dass dies nicht mehr als eine These sein kann. Zumal aufgrund des Drucklegungstermins des Traktates neuere Erkenntnisse nicht mehr eingearbeitet werden konnten. Vielleicht ist der obige Vorgang aber auch genau der Mechanismus, der in früheren Jahrhunderten zu scheinbar wissenschaftlichen Glaubenssätzen geführt hat, so, als ob unterschiedslos bei allen medizinischen Anlässen Aderlässe angewandt wurden.

Sie sprachen eben von neueren Erkenntnissen.

Es gibt eine Veröffentlichung, die einen wunderbaren Titel trägt: „Wie das Gehirn die Seele macht", von Gerhard Roth, einem höchst anerkannten Neurobiologen. Hier wird der Wissensstand in der Hirnforschung sehr detailliert zusammengefasst und bei allen Lücken, die durchaus noch bestehen, eine überzeugende Darstellung geliefert, wie das mit der Seele in der Realität und ohne Mythenbildung wirklich sein kann.

Könnten Sie das in knappen Worten skizzieren?

Ich bin kein Neurobiologe. Details kann ich Ihnen deshalb nicht liefern, aber die Erklärungen gehen in die Richtung, dass im Gehirn mehrere Areale dafür zuständig sind und sich die Seelenexistenz erst durch das Zusammenspiel unterschiedlicher Bereiche für uns bemerkbar macht, also wahrnehmen lässt. Diese hochkomplexen Abläufe sind noch nicht alle entschlüsselt, aber wir nähern uns auch hier der Auflösung eines Mythos durch die Erweiterung und Vertiefung unseres Wissens. Gott wird wieder ein Stück zurückgedrängt und der Blick durch das Fenster in eine Welt, die eigentlich außerhalb unseres direkt wahrnehmbaren Erkenntnisbereiches liegt, erweitert sich. Wir können nämlich damit für alle nachvollziehbare Aussagen über Mikroprozesse in unserem Körper machen. Wenn ich das einmal ganz subjektiv bewerten darf…

…bitte…

Das ist umwerfend, wunderbar, großartig, erhebend und einfach irre. So, jetzt ist wieder gut...

...bitte. **Nun ist jeder Mensch anders. Das sollte sich folglich auch über diese Erkenntnisse erklären lassen.**

Das vermute ich. Ich gehe sogar davon aus. Aber es wäre wohl besser, diese Frage mit Herrn Roth zu erörtern. Meine Kenntnisse reichen dafür nicht aus. Ich könnte das nur in allgemeinerer Form benennen.

Zufall

Das ist eine interessante Überlegung. Das werden wir in der Redaktion diskutieren und uns vielleicht mit Herrn Roth in Verbindung setzen, um zu diesem Themenkomplex im Nachgang dieses Interviews einen Termin zu vereinbaren. Ich würde Sie trotzdem bitten, sofern Sie eine eigene Idee dazu haben, sie hier darzustellen. Es hat ja mit dem Menschenbild zu tun.

Ja, gut ... In einer grundlegenden Aussage würde ich sagen, das jeder Mensch für sich wie ein kleiner Kosmos ist, mit einer eigenen emotionalen Landschaft mit Bergen und Tälern, mit Höhen und Tiefen und – um im Bild zu bleiben – auch mit eigenem Wetter. Die eigene Erziehung, das soziale und gesellschaftliche Umfeld, der historische Zeitpunkt und die genetischen Vorgaben bestimmen dabei mit. Der sich daraus ergebende Zustand, die Verfasstheit und Färbung der Seele ist dann die Grundlage, auf der ein Mensch mit sich und den anderen diskutiert und agiert.

Gut, dann warten wir auf weitere Erklärungen durch Herrn Roth und kümmern uns um Darwin und einige Aspekte seiner Theorie. Ich frage mich gerade, ob durch seine Erkenntnisse die Welt nicht recht freudlos wird?

Es mag im ersten Augenschein so aussehen, aber, wenn wir Abschied nehmen müssen von einem personifizierten Gott, kann doch trotzdem die Freude an der Natur, den belebten und unbelebten Erscheinungen bleiben. Es bleibt wunderbar, dass alles so ist, wie es ist, und wie faszinierend alles ineinander greift. Diese Faszination bezieht sich dann aber auch auf die Fähigkeiten und Gewissheiten des Zufalls. Vor kurzem las ich in einem Kinderbuch zum Thema Einführung in die Evolutionstheorie. Es war gut und anschaulich gemacht. Jedoch fehlte eine wesentliche Grundlage für das Verständnis zufälliger Entwicklungen. Das findet sich auch sonst, glaube ich, kaum in populären Darstellungen wieder. Es geht um die Macht der großen Zahl.

Das klingt ein wenig mystisch. In welcher Form ist sie wirksam?

Sie bezieht sich auf die unendlich lange Zeit, in der sich die Entwicklungen abspielen und die damit verbundenen unendlichen Varianten der Veränderungsmöglichkeiten. Also tatsächlich ist dies sehr konkret! Aber was es möglicherweise unheimlich erscheinen lässt, ist, dass es eigentlich außerhalb unserer Vorstellungskraft liegt. Wir sprechen ja nicht von hunderten oder tausenden von Jahren, sondern von Zeiträumen in Millionen- und Milliardendimensionen. Das ist ein Blick in erdgeschichtliche Zeitabläufe und kosmische Dimensionen. Hierin liegt die Basis für langfristig intelligente Lösungen im Geflecht der Natur, so dass sich hochkomplexe und miteinander vernetzte Systeme entwickeln können, die der Mensch trotz aller Technik und Forschung längst nicht durchschauen kann. Dahinter stecken Rätsel und Geheimnisse, die unsere Wahrnehmungsbegrenzung deutlich machen. Aber wir wollen nicht glauben müssen, sondern wollen wissen.

Der Zufall wird von religiösen Menschen als Gott bezeichnet. Aber vielleicht wäre es ein kleiner Kompromiss, wenn man vom göttlichen Zufall sprechen würde. Wie fänden Sie das?

Sie glauben, dass sich die von Ihrer Warte aus andere Seite auf eine solche Formulierung einlassen würde? Dazu ist eine gewisse Offenheit im Denken notwendig. Vermutlich kann nicht jeder das als eine nette Wortspielerei ansehen.

Schade. Könnte man nicht auch darüber schmunzeln und es positiv auslegen?

Glauben wollen

Sicher. In diesem Zusammenhang passt die Frage, wie es denn trotzdem sein kann, dass auch bei aufgeklärten Menschen Gott eine Rolle spielt?

Nach dem, was man durch Untersuchungen weiß, spielt der Grad der Bildung eine ganz große Rolle. Menschen mit geringerer Bildung neigen eher dazu, eine höhere Macht anzuerkennen, an etwas zu glauben, was die eigenen Geschicke lenkt oder zumindest beeinflusst. Auch wenn Bildung eher Zweifel entstehen lässt und auch mehr Fragen, erhält sich der Glaube.

Also, warum…?

Weil wir keine rein rationalen Wesen sind. Unabhängig vom religiösen Glauben können wir alle recht unvernünftig sein und handeln. Das gehört zu uns. Emotionen leiten uns oft stärker als der Verstand. Wobei sich beides bedingen kann. Eine Intuition kann uns dabei durchaus weiter bringen als ein langes Nachdenken und Grübeln. Also bitte nicht falsch verstehen: Es geht um die Frage, wie wir als Individuen zu unseren Schlussfolgerungen kommen. Dabei spricht man im Alltagsgebrauch vom eher rationalen oder vom eher emotionalen Typ. Wie schon erwähnt: beides hat seine Berechtigung und kann zu sinnvollen Ergebnissen führen… Wir wollen andererseits aber auch nicht immer völlige Gewissheit haben und hören lieber auf nachzudenken.

Reicht das aus?

Nein. Es gibt auch Irrationales und Verunsicherndes, das sich in Formen des Aberglaubens und in skurrilen Ritualen widerspiegeln kann. (s. a. Homepage zum Buch: Wissen-Psychologie)

Was meinen Sie?

In unserem Alltag ziemlich fest verankert sind solche Dinge wie das Umhängen von Talismännern, am Innenspiegel eines Autos hängende Figürchen oder Traumfänger, das Lesen von Horoskopen – an die man selbstverständlich nicht glaubt, aber man guckt trotzdem mal kurz rein - , das Klopfen auf Holz oder die Bitte, doch bestimmte Dinge nicht auszusprechen, da mit dem Aussprechen sonst möglicherweise wahr wird, was eigentlich nicht eintreten soll.

Also, bei mir im Auto hängt übrigens auch so etwas.

Bei mir nicht. Letztendlich spielt das auch keine Rolle, wenn man keine Weltanschauung daraus macht und anderen Vorschriften erwachsen. Es gibt aber noch mehr, was die Neigung zur Religiosität und Spiritualität befördert.

Woran denken Sie dabei?

An unsere Sinneswahrnehmungen, unsere Träume und unseren sozialen Rahmen.

Dann erklären Sie das bitte. Wollen Sie mit den Sinneswahrnehmungen beginnen?

Ja, kann ich machen.

Inwiefern haben denn unsere Sinne einen Einfluss auf religiöse Gefühle?

Na, z.B. kann uns unsere Wahrnehmung an manchen Stellen einen Streich spielen, bzw. sie lässt uns u. U. zu Schlussfolgerungen kommen, die subjektiv Übernatürliches vermuten lassen könnten. Ich kann dabei durchaus von eigenen Erlebnissen berichten.

Irritierende Wahrnehmung

Ich bin gespannt.

Bevor ich etwas über mich erzähle, muss ich aber, da es bedeutsamer ist, noch etwas über Thomas Müntzer und einen Regenbogen erzählen und Müntzers wirklich fatalen Fehlschluss, zu dem gerade gläubige Menschen neigen.

Ich bin weiter gespannt. Warum Thomas Müntzer?

Weniger, weil er der radikalere Mitstreiter Luthers war, vielmehr, weil er im Namen und im Sinne seines Gottes dachte zu handeln, nein, besser, glaubte zu handeln. Er stand vor dem Beginn der letzten Schlacht während der Bauernkriege. Soweit ich mich entsinne 1525. Gegenüber standen sich das katholische Heer der Adligen und die eher unorganisierten frischgläubigen protestantischen Truppen der Bauern unter der Führung Thomas Müntzers. Die Schlacht sollte beginnen. Er war sich aber unsicher, wann er den Angriffsbefehl geben sollte. Die Entscheidung fiel, als er einen Regenbogen sah... Sie wurden vernichtend geschlagen. Die Niederlage hatte natürlich militärische Gründe. Der Regenbogen konnte nichts dafür, wie er nie für irgendetwas kann. Er ist nur einfach ein wunderbares Naturphänomen.

Wenn man die Geschichte so erzählt, entstehen eigentlich keine Fragen. Da hat tatsächlich ein hoch gelehrter, eigentlich gebildeter Mann, eine Schlacht begonnen aufgrund eines Regenbogens, der nach seiner Interpretation ein Zeichen Gottes war. Fatal!

Ich ahne, in welche Richtung Ihre Gedanken gehen.

Wenn ich mich jetzt so ausdrücken sollte, wie es die Gelehrten zurzeit Luthers und Müntzers taten, so müsste ich auf Lateinisch wohl sagen: Post hoc ergo propter hoc.

Dann reden Sie doch einfach deutsch mit mir.

Gut. Dieser lateinische Satz beschreibt einen Fehlschluss: Bei zwei tatsächlich völlig unabhängig voneinander auftretenden Ereignissen wird durch eine zufällige Gleichzeitigkeit oder zeitliche Nähe ein ursächlicher Zusammenhang hergestellt. So, als wenn eine Abhängigkeit der Ereignisse bestehen würde. Im Grunde sind auch Beterfolge diesem Fehlschluss verhaftet.

Wie meinen Sie?

Wenn ein Mensch betet und das Erbetene trifft wirklich ein, dann ist dies mit diesem „danach, folglich weil" – denn so ist die Übersetzung - zu erklären. Ehrlicher Weise muss ich gestehen, dass damit ein Phänomen beschrieben wird, dem man allgemein durchaus erliegen kann. Es führt zu einer Verblüffung, wenn bei einer Tätigkeit zufällig etwas ganz anderes zeitgleich oder kurz nacheinander passiert. Kennen Sie das?

Ja, es gab das Eine oder Andere. Haben Sie denn ein Beispiel parat?

Harmlos, aber verblüffend war eine Situation, wo ich den Kühlschrank schloss und im selben Moment eine Glühbirne in einer Lampe platze. Ich stand erst einmal stumm da, um mir dann eine sinnvolle Erklärung der beiden Ereignisse zu geben. Eine etwas weiterreichende Geschichte ergab sich als ca. 13-Jähriger. Ich stand im Wohnzimmer, wollte gerade das Licht ausschalten, als genau in diesem Augenblick ein Blitz aus den Wolken kam. Der gedankliche Kurzschluss hatte mich ziemlich erschreckt. Passiert das religiösen oder spirituellen Seelen, können die Gedanken aber große Kreise ziehen!

Es steckt jedoch auch immer noch etwas Weiteres dahinter, dass eben etwas nicht nur

Abbildung 1 - Marmorbruch in Carrara

Durch den schieren Zufall beim Bohren von 9 Löchern entstanden. - Unsere Fantasie und der christliche Glaube gestalten und konstruieren daraus etwas Größeres: Die „Jungfrau" Maria mit dem Jesuskind. Die Absplitterungen werden seitdem verehrt.

aus Zufall passiert, sondern eine Sinnhaftigkeit, ein Ziel und Zweck dahinter steckt. Das sind Grundlagen des Glaubens.

Bevor wir aber auf diese Aspekte eingehen, bleiben wir lieber im Ablauf unseres Gespräches und Sie erzählen etwas über Ihre angedeutete Geschichte. Was war in Ihrer Kindheit?

Folgende Geschichte: Während meiner Kinderzeit hatte ich für die Nacht zur besseren Verdunklung ein Rollo vor dem Fenster. Das Licht wurde recht gut davon abgehalten, ins Zimmer zu scheinen, jedoch gab es an beiden Rändern über die gesamte Länge jeweils einen Spalt, an dem die Helligkeit vorbeikriechen konnte. Das Ergebnis: Viele Gegenstände im Raum wie Gardine, Schrank, Stehlampe oder auch Kleidungsstücke, die nicht sehr ordentlich über dem Sessel lagen, erhielten ein Zwielicht, verloren fast vollständig die Farbe und so konnte ich alles nur noch in Grau oder Schwarz wahrnehmen. Was jetzt passierte, kennt glaube ich jeder Mensch. Wenn Sie nun z. B. eine Zeit lang auf die Gardine starren, fängt sie vermeintlich an, sich zu bewegen…

…an Ähnliches kann ich mich auch erinnern…

…das vermute ich! Die unordentliche und in Falten liegende Kleidung lässt Gesichter entstehen, Kobolde und Fratzen, die eher monströs und angsteinflößend sind als mit freundlichem Temperament ausgestattet. Mir war das, besonders in diesem jungen Alter, schon manchmal gruselig!

Kann ich verstehen.

Eine freundlichere Variante - oder man kann es vielleicht auch als kleines nettes Spiel sehen - spielen wir alle, wenn wir im Gras liegen und bei schönem Wetter die vorbeiziehenden Wolkenberge assoziativ mit Bedeutungen versehen: hier eine alte, gebeugte Frau mit Kopftuch und Korb auf dem Rücken, dort ein knuffiger Hund oder was auch immer. Zusammengefasst: Man erhofft sich positiven Einfluss auf wichtige Ereignisse eben durch einen Gegenstand oder eine bestimmte ritualisierte Verhaltensweise. Man hört dann durchaus einmal: „Eigentlich weiß ich, dass das albern ist!" - besonders beim Horoskop oder beim Klopfen auf Holz. Aber bevor man es lässt, tut man´s lieber. Man weiß ja nie,…vielleicht..?

Abbildung 2 – Wolken

Objekt für Fantasiegebilde

Gut! Verstanden! Was Sie damit sagen, macht Ihnen aber keine Freunde unter gläubigen Christen, Juden oder Moslems. Sie senken die Religion in ihrer Bedeutung ab auf die Ebene eines Aberglaubens.

Nun, je nachdem, wie ich jetzt darauf antworte, kann, so glaube ich, die Schar der Gegner größer werden oder im umgekehrten Fall die Chance bestehen, meine Position zumindest zu verstehen. Ich spreche ja nicht von einer Übernahme der Überlegungen. Obwohl es natürlich schon schön wäre.

Was sagen Sie nun dazu?

Es ist nicht mein Anliegen, Religionen herabzuwürdigen. Aber was ist, wenn sie sich irren? Und nach meiner Überzeugung tun sie das. In letzter Konsequenz also kann man es als einen Irrglauben bezeichnen, zumal, wenn ich davon ausgehe und überzeugt bin, dass es nur eine Welt gibt, in der sich alles auf natürliche Weise abspielt, auch wenn es Ebenen gibt, die wir erst sichtbar machen müssen. Dafür haben wir aber die Wissenschaften, die das erschließen können.

Noch etwas. Wenn ich als Atheist von einem Irrglauben oder einer Irrlehre spreche, so entbehrt es nicht einer deftigen Ironie, wenn man weiß, dass sich alle Religionen, die sich den einen Gott teilen müssen, einander schon Blasphemie, Aberglauben, Häresie, Gotteslästerung und, und, und vorgeworfen haben. Die Christen zu Zeiten der Kreuzzüge sahen Moslems als Ungläubige. Das lässt sich gegeneinander austauschen. In der Historie gab es manchmal nicht nur einen Papst, sondern einen oder zwei Gegenpäpste, die sich als – man beachte – Antichristen bezeichnet hatten. Also hochrangige Christen verteufeln sich gegenseitig. Bei Papst Franziskus geschieht das aktuell: Von Teilen des Klerus wird ihm Häresie vorgeworfen. Da erlaube ich mir, mit einem Blick von außen, zu erwähnen, dass sich doch unter Umständen alle irren, zumal, wenn sie sich das schon gegenseitig mit blutigen Taten vorgeworfen haben. Das ist ja leider keine billige Polemik, sondern bis heute bitterer Ernst. Wenn man sich den Zustand der muslimischen Welt anschaut: Sunniten gegen Schiiten. Beide gegen Alewiten, um nur einen kleinen Ausschnitt zu nennen.

Sind die nicht Anhänger des syrischen Diktators Assad?

Nein, in Syrien heißt die Religionsgemeinschaft, zu der auch Assad gehört, Alawiten, also mit zwei „a"! Sie sind eine spezielle Glaubensrichtung bei den Schiiten! Die Alewiten leben sehr liberal, gehen von einer Trennung von Staat und Kirche aus und hatten wesentlich zur Gründung der vormals modernen Türkei nach dem 1. Weltkrieg durch Kemal Atatürk beigetragen. Sie sind die kleinste der drei Richtungen, also die anderen beiden sind Sunniten und Schiiten, die Alewiten machen ca. 10% der Koran-Gläubigen aus. Durch meine berufliche Tätigkeit habe ich einige Alewiten kennengelernt. Deren Lebensauffassung ist mir recht sympathisch: Zu ihren Werten gehören Nächstenliebe, Bescheidenheit und Geduld. Darin könnten

Grundlagen für einen demokratischen Islam zu finden sein.

Trotz dieses interessanten Aspektes lassen Sie uns über die Bedeutung von Träumen reden.

Jeder, der behauptet, durch eine Offenbarung zu Gott gefunden zu haben, müsste erst einmal seiner Umwelt verständlich machen, was diese Offenbarung von einem Traum unterscheidet. Dummerweise geschehen diese Ereignisse auch immer nur einer einzelnen Person. Sie werden immer nur als subjektive Erlebnisse weitergegeben. Schade, dass so etwas nicht in einem kollektiven Rahmen vorkommt. Mich überrascht immer wieder, wie überzeugt Menschen davon sind, keinen Traum, sondern eine quasi reale Begegnung mit biblischen Figuren gehabt zu haben. Aber im Traum ist doch alles möglich! Ich kann fliegen, ich werde von Fantasiewesen verfolgt, ich erlebe den Tod eines nahen Menschen oder meinen eigenen oder bin kurz davor. Dann wache ich auf. Ich bin auch schon schweißgebadet wach geworden und musste mich vom Geträumten erst einmal erholen. Ich kann mich daran erinnern, dass mich einzelne Träume den Tag über begleitet haben. Weniger der tatsächliche Inhalt, als die Stimmung des Traumes. Darin liegt nichts Übernatürliches.

Mittlerweile hat man 2013 an der ETH Lausanne in Experimenten mit Menschen schon so intensive als übernatürlich erscheinende Empfindungen bewirken können, dass das Experiment bei einigen Versuchspersonen abgebrochen werden musste, da den Probanden die Situation zu unheimlich wurde. So etwas ist doch höchst spannend!

Vor kurzem ging die Nachricht um die Welt, dass eine islamische Gemeinschaft aufgespürt wurde – ich glaube es war in Kasachstan, auf jeden Fall einer ehemaligen Sowjetrepublik - die unter der Erde lebte. Frauen und Kinder sahen kaum das Tageslicht, weil ihr Anführer sie vor negativen Einflüssen schützen wollte. Sogar Babys wurden so geboren. Die Menschen waren krank geworden, da ihnen Licht fehlte und sie nicht ausreichend ernährt wurden. Der Anführer, ein charismatischer Achtzigjähriger, hatte eine Offenbarung. Sie lenkte seine Geschicke in diese Richtung. Die Welt ist über diese Ereignisse entsetzt. Ich vermute, der Mann hatte geträumt… wohl auch eher schlecht geträumt. Er hat elementare menschliche Bedürfnisse hintan gestellt und ist strikt seiner Vision gefolgt.

Begrenzte Götterwelten

Nun muss eine Vision nicht solche Folgen haben!

Nein. Es gibt auch harmlosere Beispiele. Die können durchaus aufbauend sein. Warum nicht? Wenn jemand nach einer erträumten Vision weiß, wie er seine Kinder zu netten Menschen erziehen kann, ist so etwas auch prima. Mir fällt dabei gerade zum Thema Visionen noch etwas anderes ein: Soweit mir bekannt ist, sind religiöse Erscheinungen immer nur aus dem eigenen Religionsumfeld erschienen. Also bei Moslems oder Christen z.B. der Erzengel Gabriel. Es wäre doch sehr interessant, wenn einmal einer der vielen Gottheiten aus dem Hinduismus wie Brahma oder Vishnu einem Christen oder Juden erscheinen würden. Oder umgekehrt, dass einer der Engel bei einem Anhänger des Schintoismus erscheint. Gab es so etwas schon einmal?

Ich weiß es nicht!

Ich auch nicht. Ich vermute jedoch, dass so etwas noch nicht geschehen ist oder auch geschehen wird. Wenn jemand nicht weiß, dass in Japan die Welt u. a. durch die Göttin Izanami entstanden ist, dann wird sich dieser Name auch nicht in einem Traum oder in einer Vision wiederfinden lassen. Die Himmelswelten scheinen massive Grenzen und unüberwindliche Mauern zu haben, die keine gemeinsamen Kommunikationswege oder Kanäle zulassen. Es wäre sicher interessant, wenn sich Izanami mit Jahwe über ihre Versionen der Weltenbildung austauschen würden! Oder Sie, als vielleicht gläubiger Mensch, würden nach Ihrem Tode mit Pfeil und Bogen darauf warten, dass Sie in die Ewigen Jagdgründe eingehen. Es kommt aber ein Schiff vorbei und will Sie nach altägyptischer Tradition Richtung Sonne mitnehmen. Dann hat man Sie aber auf dem falschen Fuß erwischt und Sie sind schlecht vorbereitet worden…

Machen Sie sich jetzt lustig?

Mmm…, nein. Das ist ein Gedankenspiel und eine spielerische Ausgestaltung. Ich spiele nur mit den Informationsvorgaben der beiden Religionen. Aber irgendwie ist es doch auch lustig! – Oder?

Glaubensweitergabe

Das möchte ich jetzt nicht kommentieren. Sie sprachen aber noch vom sozialen Umfeld, das für das Weiterbestehen oder Weitergeben religiöser Empfindungen eine Rolle spielt.

Eigentlich ist es doch so: Wenn Eltern nicht alles falsch machen, sondern liebevoll ihre Kinder erziehen, dann wird der Nachwuchs im Erwachsenenalter – natürlich mit Abstrichen und individuellen Anpassungen – vieles übernehmen, was er im Kindesalter erlebt und erfahren hat. Ist es ein religiöses Elternhaus, so werden diese Werte aufgrund des erlebten Verhaltens in die eigenen Vorstellungen und Verhaltensweisen übernommen. Dies wird umso stärker geschehen, je mehr dies in einem gleichartigen überfamiliären Rahmen geschieht…

…Sie meinen jetzt ein Dorf oder einen ganzen Staat?

…oder eine Region, ja. Dabei kommt man weiterhin nicht an dem Satz eines recht bekannten Philosophen vorbei, der besagt, dass das gesellschaftliche Sein das Bewusstsein bestimmt. Wobei der Satz hier nicht ökonomisch gemeint ist, sondern bezogen auf das Verhältnis von den Eltern zum Kind. Er findet sich auch in der psychologischen Erkenntnis wieder, dass sich die erlebte mitmenschliche Kommunikation auf den Einzelnen überträgt und zu einer innerpersönlichen Haltung führt. Kurz gesagt: Der äußere Dialog wird zur inneren Struktur.

Oh, ein beeindruckender Satz!

Damit geht's mir genauso. Er besitzt in der Tat eine große Faszination. Denn er beschreibt ja etwas, das sich im Alltag in jeder Familie immer wieder wie unsichtbar abspielt: Wie funktioniert Erziehung? Wie funktioniert die Übertragung von Verhalten von einem Menschen auf den anderen? Dieser Satz gibt eine sehr komprimierte Erklärung.

Ach, da fällt mir Jürgen Fliege ein.

Wie kommen Sie auf den, war der nicht Fernsehpfarrer?

Ja. Er moderierte vor Jahren eine eigene recht nette und religiös orientierte Talkshow. Der Mann kam mir gerade in den Sinn, weil wir uns gerade über Kommunikation unterhalten. Aber der Gedanke verbindet sich mit Religion, geht aber weit darüber hinaus. Es geht um das, was über ein Gespräch und über den persönlichen Kontakt vermittelt wird. Herr Fliege stellte in einer seiner Sendungen die großartige Frage, was denn ein Mensch lernen würde, wenn er hört, dass von der Liebe gepredigt wird? Er beantwortete diese Frage so: „Wer die Liebe predigt, lehrt das Predigen!" Wir lernen also mehr durch die A r t des Gesagten, als durch den gemeinten Inhalt. Wenn es also eine Differenz zwischen dem gesprochenen Wort und dem Tonfall, der Mimik und Gestik gibt, so werden Intonation und Körpersprache als wichtigere und glaubwürdigere Zeichen gedeutet. Dies geschieht eher unbewusst, prägt aber die Haltung.

Mir fällt dabei Jogi Löw ein.

Gutes Beispiel! Ich schmunzle bei seinen Interviews auch immer: Bei ihm geht höchste Emotionalität regelmäßig mit einem gleichbleibenden Gesichtsausdruck einher.

Darwin und Zufall

Nach diesem langen gedanklichen Schlenker noch einmal zu Darwin, wenn Sie erlauben!

Bitte sehr.

Seit Darwin hat der Zufall eine wissenschaftliche Bedeutung und Wirkkraft bekommen. Sie schreiben, dass er die Natur erklärt als ein sich selbst regulierendes komplexes System. Was meinen Sie mit System?

Gemeint sind Menschen, Tiere, Pflanzen, soziale oder biologische Lebensräume in ihrem Zusammenwirken. Noch einmal zusammengefasst: Das, was das Wunderbare an der belebten und unbelebten Welt ist, hat unendlich große Zeiträume gebraucht, um sich zur jetzigen Form und den sich selbst regulierenden Abhängigkeiten zu entwickeln. Und, wie erwähnt, liegt es eigentlich außerhalb unserer Vorstellungskraft, was die Zeit hervorbringen kann. Der Entwicklungsmechanismus ist durch Darwins Theorie entschlüsselt worden und stellt einen praktischen und nachvollziehbaren Gegenentwurf zum Wirken eines höheren Wesens dar. Hierbei kann ich wieder auf Ockham´s Razor verweisen. Die Theorie Darwins verbindet Genialität mit Einfachheit. Der Mangel an Wissen, Vorstellungskraft und Erkenntnisfähigkeit waren nachvollziehbare Gründe für die Entstehung eines Gottglaubens. Sie lassen sich nun aber ersetzen durch nachvollziehbare irdische Abläufe.

Es bleibt aber weiterhin das Problem, wie man sich den Anfang des Ganzen erklären kann? Gott, als Möglichkeit und Ursache, bleibt doch weiterhin bestehen. Denn auch die kleinsten Anfangsbausteine können von Ihm gesetzt sein.

Dem kann ich grundsätzlich nicht widersprechen, das wäre sonst unredlich, da Gott von niemandem in seiner Existenz oder Nichtexistenz bewiesen werden kann. Aber, dem stehen die mittlerweile nicht mehr zählbaren Widerlegungen gegenüber, bei denen anfänglich Gott als Ursache eines Phänomens stand, und nun über die Jahrhunderte sinnvollere und durch Beobachten, Experimentieren, Nachdenken und Erkennen entstandene Schlussfolgerungen bestehen. Über den Anfang der

Welt kann niemand eine genaue Aussage machen. Dann sollte man das auch nicht tun. Ich glaube, im Buddhismus sieht man das ähnlich. Wissenschaftliches Spekulieren ist davon natürlich ausdrücklich ausgenommen.

Warum?

Es werden keine Unwahrheiten behauptet!

Sie meinen die Erschaffung der Erde in einer Woche!

Z. B. – Es gibt ja noch ein äußerst gravierendes anderes Problem für Christen, Juden, Moslems, das mit dem Thema „Was war am Anfang?" zu tun hat: Kann etwas vor Gott gewesen sein? Wer erzeugte Gott? Wenn man alles auf Gott zurückführen kann, worauf kann man Gott zurückführen? Es müsste doch größer sein als Gott! Was aber nicht gehen soll! Wie löst man denn das Problem? In manchen Religionen entsteht Gott aus sich selbst heraus. Das ist wenigstens ein Angebot. So löst man zumindest das logische Problem mit dem unendlichen Regress[3].

Das ist Blasphemie!

Ogottogott! Was nun? Am besten, man stellt diese Überlegungen unter Strafe. Dann ist man fein raus. Zumindest da, wo es noch geht.

Dieses Paradox lässt sich nicht lösen!
Doch. Zumindest teilweise.
Und zwar!
Die Antwort ist: Der Mensch. Der Mensch erschuf Gott. Dann lösen sich ganz viele Probleme wie von selbst auf. So etwas darf sich aber eben nur ein Atheist oder Agnostiker erlauben. Deshalb meinte ich gerade teilweise. Andere, in anderen Ländern, dürfen diese Überlegungen weiter nur im Stillen von einer Ecke ihres Verstandes in die andere tun, wo vielleicht die Schwester des Verstandes auf ihren Einsatz wartet, die Vernunft. Unter Umständen hilft sie weiter!

Macht des Zufalls

Sie beschreiben noch ein anderes Beispiel, bei dem - wie Sie es sagen - die Macht des Zufalls, verständlicher wird und ein alles steuerndes höheres Wesen als unwahrscheinlich anzusehen ist. Dabei wollen Sie der persönlichen Wahrnehmung eine historische Sichtweise gegenüberstellen.

Macht des Zufalls, Beispiel 1

Abbildung 3 – Himmelsdreieck

Überdimensionales gleichschenkliges Himmelsdreieck – Schicksal? Fügung? Zufall?

Eigentlich kann doch jeder von Ereignissen erzählen, die wie von Geisterhand gesteuert wirken. Mich faszinieren solche Erfahrungen auch immer. Dazu folgendes Beispiel: Ich bin mit meiner Frau in New York. Es fängt recht stark an zu regnen und wir gehen in ein großes Kaufhaus. Dort laufen wir geradewegs auf Bekannte meiner Frau zu, die uns schon in Berlin mitgeteilt hatten, dass sie zwei, drei Tage ihres

Urlaubes auch in New York verbringen werden. Just an dem Tag, zur genau gleichen Zeit laufen wir gemeinsam aus verschiedenen Richtungen kommend auf einen zentralen Punkt im Erdgeschoss des Kaufhauses zu und begrüßen uns, als wenn wir uns dort verabredet hätten.

Macht des Zufalls, Beispiel 2

Abbildung 4 - gefallene Zeitung
Verblüffendes Ergebnis!

Versuchen Sie doch einmal die Zeitung auf dem Boden so aufzustellen. Das kann dauern.

Ebenso verblüffend war ein Zusammentreffen in Istanbul, als wir eine halbtägige Schiffsfahrt auf dem Bosporus in Richtung Schwarzes Meer machten und dort zwei gute Freunde trafen, von denen wir wussten, sie würden sich auch ungefähr zu dieser Zeit in Istanbul aufhalten. Es war aber eben nichts geplant. Jeder von uns hätte an einem der anderen Tage zu einer anderen Tageszeit und mit einem anderen Schiff eine Fahrt machen können. Zumal es auch andere Routen gibt. Aber hier passte wieder alles besser zusammen, als wenn wir versucht hätten, uns vor der Reise zu einem bestimmten Zeitpunkt zu treffen. Das wäre vermutlich schief gegangen oder hätte viele Handykontakte erfordert, mit viel Organisationsstress.

Aber warum schließen Sie denn aus, dass da oben jemand seine organisatorischen Talente wirken lässt und diese Zusammenkünfte ermöglicht?

Wie schon erwähnt, hätte ich grundsätzlich gar nichts dagegen. Es ist und bleibt eine schöne Vorstellung. Sie hat auch so etwas Wärmendes.

Na also...

Es spricht für mich trotzdem leider zu viel dagegen. Zum einen müsste man dann ja auch alles Negative auf diese Vorstellung projizieren.

Da sitzt – oder in welcher Position auch immer – jemand und veranlasst Unglücke, Unfälle, Schicksalsschläge. Eine bittere Vorstellung. Letztlich auch Kriege und alle Gräueltaten, die in diesem Zusammenhang passieren können. Ergibt das dann einen besseren Sinn? Wäre das eine plausiblere Erklärung? Ich denke nicht! Wie wäre der Holocaust dann einzuordnen? Darüber mag ich gar nicht nachdenken. Aber sehr wahrscheinlich haben sich viele der überlebenden Juden gefragt, warum sie die Shoah überlebt haben. Die einen werden es mit Gott begründen und einer göttlichen Prüfung, die anderen sind vom Glauben abgefallen. Man kann aber nicht ausschließen, dass sie schlichtweg das „Glück" hatten, zur richtigen Zeit an der richtigen Stelle zu sein und vermutlich auch gerade die richtigen Menschen getroffen zu haben. Dieses Zusammentreffen von Zeit, Raum und Mensch hat m. E. dann darüber entschieden, ob ein Mensch überlebt hat oder getötet wurde. Wobei aus Interviews bekannt ist, dass es als große Bürde angesehen wird, überlebt zu haben. Welche Gottesstrafe will man denn damit verbinden? Die Vorstellung in vielen Religionen, dass alles einen Sinn hat und zu Höherem strebt, möchte man in diesem Zusammenhang am liebsten verbieten. Es war der verfluchte Zufall, der zwischen Leben und Tod entschied.

Und wenn ein Überlebender Kraft aus der ganzen Katastrophe ziehen kann und einen Sinn für sein Weiterleben darin findet, den Jüngeren durch Gespräche und Bücher zu berichten, so ist das natürlich gut!

Aber verdammt noch mal, warum hat diese sich niemals zeigende "Macht" die Millionen von Menschen nicht andere, schönere Geschichten erleben lassen, die den Jüngeren erzählt werden können?

Wir müssen mit einem gewissen Maß an Sinnlosigkeit in unserem Leben rechnen. Wir können nicht alles erklären. Wir können es aber als etwas Gegebenes hinnehmen und lernen, damit umzugehen. Damit gibt es jedoch auch keinen Grund, nach einer eigenen Schuld zu suchen, die eine Strafe Gottes begründen könnte, wie teils immer noch in manchen Regionen bei Behinderungen, Krankheiten oder frühem Tod eines nahen Menschen. Wenn man sich einer niederdrückenden und schmerzlichen Situation gegenüber hilflos und ausgeliefert fühlt, kann da die eher diffus wirkende religiöse Überlegung, dass man Gottes Gedanken dazu nicht kenne oder erkennen kann wirklich hilfreich sein und Trost spenden? Erklärt sich eine Situation dadurch besser? Weiß ich dadurch mehr oder hilft es meinen betrübten Gedanken, wenn ich mir meinen Kopf darüber zerbreche, welcher höhere Wille hinter alldem stecken soll? Es scheint mir eher nicht so zu sein!

Lassen Sie das einfach sein und tun Sie das Naheliegende und Notwendige in solchen Situationen. Damit hat ein jeder Mensch genug zu tun: Spenden Sie Trost! Helfen Sie, die Auswirkungen z.B. einer Behinderung zu lindern! Halten Sie die Hand! Wischen Sie die Tränen ab, ohne zu weinen! Das hilft auch Ihnen selbst! Und wenn Sie nicht mehr können, dann gibt es genügend Unterstützung durch andere Menschen, Institutionen oder Vereine.

Sie meinen - und das ist sicherlich nachvollziehbar - dass man bei einem quasi anordnenden oder eingreifenden Gott nur zu absurden Schlussfolgerungen kommen kann?

Ja, völlig. Dieser Aspekt der Überlegungen wird auch regelmäßig unterschlagen, weil man sich lieber an die nette Interpretation des organisierten Zufalls hält. Wie schon gesagt, sie wärmt ja auch. Die andere lässt einen erstarren. Ich halte es auch nicht für legitim, dass man sich die guten und einem passenden Aspekte eines

Gedankens zu Eigen macht und die unangenehmen und negativen Punkte ignoriert. Vor einigen hundert Jahren äußerste sich zu diesem Thema der englische Philosoph Francis Bacon. Er hielt es sogar für intellektuell unredlich, sich sozusagen nur die argumentativen Rosinen aus dem Kuchen herauszupicken, da man so nicht zu einer ehrlichen Betrachtung eines Problems kommen könne. Außerdem scheitert dieses

Macht des Zufalls, Beispiel 3

Abbildung 5 - gefallene Bürste

Bürste auf Wasserhahn: Fake? Nicht nötig!
Die Bürste fiel vom Hängeschrank.
Eine perfekte Selbstinszenierung.

Konstrukt an der schieren Zahl der zu organisierenden Aktivitäten. Es leben jetzt sieben Milliarden Menschen auf der Welt. Da alle ihr Leben organisieren müssen und aus diesem Grund tätig sind, käme man auf eine unendliche Zahl an Steuerungsabläufen. Wo soll denn das hinführen? Von den Myriaden von Tieren und Pflanzen ganz zu schweigen. Denn wenn diese Vorstellung stimmen würde, wäre alles und jedes gesteuert.

Der freie Wille?

Fraglich…nein, ausgeschlossen.

Aus diesem Grund schlagen Sie ein Verfahren vor, das durch einen Blick zurück in die Vergangenheit mehr Klarheit ermöglicht!

Um diesen Denkansatz klarer zu machen, habe ich meine eigene Biografie genommen und sie rückwärts betrachtet. Das funktioniert natürlich auch bei jedem anderen. Es ist nichts Exotisches oder besonders Kompliziertes. Es ist eher das Gegenteil.

Aber vielleicht sollte ich noch ein paar Vorbemerkungen hierfür machen, um das Zufällige deutlicher herauszustellen. Dazu einige Fragen: Wer kann eigentlich etwas für seine Eltern oder ist verantwortlich für deren Taten oder Handlungen? Man wird doch - ungewollt - in eine

Familie hineingeboren. Nicht nur das: Keine Zeit, kein Ort, keine gesellschaftliche Stellung, kein Geschlecht, keine Hautfarbe, keine Religion ist über die Geburt von Seiten des Kindes beeinflussbar. Das alles bestimmt aber doch massiv die Lebensbedingungen eines jeden Menschen. Ob z. B. ein Mädchen in Indien, China oder Norwegen geboren wird oder ein Junge beispielsweise in Afrika mit Aids auf die Welt kommt, weil die Eltern aufgrund fehlender Versorgung die Krankheit weitergegeben haben. Was für Schicksale sind das! Und das sind nur Überlegungen, die sich auf unsere Gegenwart beziehen. Der Blick erweitert sich meiner Meinung nach nochmals, wenn man sich diese Fragen mit Blick auf andere Epochen unserer Geschichte stellt: Patriziermädchen oder Plebejerjunge, Pharaonensohn oder Sklaventochter. Der einzelne Mensch kann seine Situation immer nur als unabdingbar und vorgegeben wahrnehmen. Betrachte ich eine Geburt jedoch aus einer geschichtlichen oder gesellschaftlichen Sicht, erscheint doch jedes neue Leben als sehr zufällig in einem Lebensrahmen verankert.

Wie gestaltete sich das in ihrer Familiengeschichte?

Genau, werden wir konkreter. Meine Familie besteht zzt. aus vier Generationen: Meinen

Töchtern mit ihren kleinen Kindern, meiner Frau und mir sowie meinen Eltern. Irgendwann wurde jede bzw. jeder von der jeweiligen Elterngeneration gezeugt. Vor dem Zusammentreffen der Einen Eizelle mit dem Einen Samen fand ein mörderischer Kampf statt, bei dem Millionen auf der Strecke blieben. Eine wirklich unübersehbare Vielzahl von Varianten und Möglichkeiten ergaben sich, bis nur eine erfolgreich war … und das bezieht sich nur auf jeweils eine Person. Bei uns sechs erwachsenen Familienmitgliedern ergibt sich daraus eine Größenordnung von möglichen Leben, die vermutlich im Bereich von 15- bis 20- stelligen Zahlen liegen. Ich habe das jetzt nicht wirklich ausgerechnet. Zufallstreffer oder Berechnung? Durch welche verschlungenen Wege bin ich nun aus dieser mörderischen Extremsituation als strahlender Sieger hervorgegangen?

Nächste Frage: Wie haben sich also meine Eltern überhaupt kennenlernen können? Da spielte der Krieg eine alles entscheidende Rolle. Ich bin in Berlin geboren. Meine Mutter kommt aus einer Berliner Familie. Mein Vater stammt aber aus Magdeburg. Er wäre vermutlich in Magdeburg groß geworden, zumindest wäre Berlin nur eine Option unter vielen anderen gewesen und es gab kaum Gründe für ihn, in diese Stadt zu kommen! Wenn nicht Hitler diesen Krieg begonnen und alle Staaten gegen Nazi-Deutschland aufgebracht hätte. So flogen die Engländer im Februar 1945 wieder Angriffe auf Deutschland. Obwohl Berlin häufig das Ziel der Bombardements war, war es dieses Mal Magdeburg. Der Bombenteppich legte sich über das elterliche Wohnhaus meines Vaters. Alle starben, außer meinem Vater. Er war über Stunden verschüttet. Mittags war der Angriff und erst gegen 18 Uhr wurde er aus den Überresten des Miethauses geborgen. Er hatte alles verloren. Seine Familie existierte nicht mehr. Es gab nur weitläufigere Verwandte, die ihn als 14-Jährigen aufnahmen: in Berlin. Nach einer Lehre als Maler bewarb er sich bei der Polizei, wo der Vater meiner Mutter arbeitete. Über den Kontakt zu meinem Großvater kamen mein Vater und meine Mutter zusammen. - Nun stellt sich wieder die Frage, ob jemand planerisch tätig war und alle Schachfiguren passgenau positionierte, um mich werden zu lassen? - Einschließlich des Piloten in der britischen Maschine, der die Bomben abwarf und Hitlers, der im September ´39 das beschriebene Szenario auslöste! – Ich sage, es ist der Zufall.- Kriege bedeuten immer ein Chaotisieren und Durcheinanderwürfeln von Lebensläufen, Situationen und sozialen Bindungen. Dies geschah bekanntermaßen massenhaft, in unüberschaubarer Zahl und nicht nur in einer Region, sondern weltumspannend. Ursächlich für mein Leben war - natürlich neben vielen weiteren - der Tod der gesamten Familie meines Vaters. Er hatte überlebt. Es verbieten sich Fragen nach dem Warum. Ernsthafte Antworten kann es auch nicht geben. Dieses Schicksal musste mein Vater tragen. Die Sehnsucht nach einer Antwort ist groß. Aber dafür „Gott" zu bemühen, kommt einer schlichten Selbsttäuschung gleich. Sie kann zwar trösten, denn die Wege des Herrn sind bekanntlich unergründlich, aber das kann nichts erklären.

Diese Argumentationskette scheint nachvollziehbar. Ein im positiven Sinne rückwärtsgewandter Blick macht es möglich, den menschlichen Ursprung für die verschiedenen Lebensläufe sichtbar zu machen.

Sie lassen sich Analysen unterziehen, die unter verschiedensten Aspekten, z.B. historischen oder soziologischen, zu handfesten und tragfähigen Ergebnissen führen können.

Ein himmlisches Amt für zufällige Begegnungen ist für Sie keine Option?

Sie scherzen. Sie meinen, immer, wenn etwas auf der Erde schief geht, ist die Bürokratie mit den notwendigen Bewilligungsverfahren nicht hinterher gekommen?

Oder es gab Personalmangel...

Interessanter Ansatz! Damit lässt sich bestimmt ein kabarettistisches Programm gestalten... Vielleicht lässt sich aber auch noch etwas Ernsthaftes über den Zufall sagen?

Bitte.

Mit dem Zufall zu rechnen bedeutet nicht, von einem anarchischen Chaos auszugehen. Das wäre Unsinn. Der Zufall basiert selbstverständlich auch auf vorausgehenden und nachvollziehbaren Abläufen.

Religion: Nur Zufall

Das lässt mich überleiten auf einen Abschnitt in Ihrer Schrift, in dem Sie auch auf die vermeintliche Selbstverständlichkeit eingehen, die oft einer Religionszugehörigkeit zugeschrieben wird: Verändert man den Blickwinkel weg vom Individuellen, hin zu einer historisch-gesellschaftlichen Perspektive, ergibt sich nach Ihren Worten sogar eine Beliebigkeit in der Zugehörigkeit.

Noch einmal, anknüpfend an die vorigen Punkte: Aus der persönlichen Erfahrung heraus entsteht leicht ein Gefühl der Unabdingbarkeit der Ereignisse. Die Eltern sind z. B. einem Menschen mit deren Sicht der Dinge vorgegeben. Ebenso der Ort der Geburt, die soziale Zugehörigkeit, das Glück oder Pech, sein Leben in einer bestimmten Epoche leben zu müssen. Das vorweg. Fangen wir nun mit einem weiteren Gedankenspiel an. Nehmen wir einmal die Region des heutigen Ägyptens und versetzen uns in die Zeit der Pharaonen. Die Staatsreligion mit einem gottgleichen König verehrte den Sonnengott Ra einschließlich seiner morgendlichen Erscheinungsform als Skarabäus, also einem Mistkäfer. Einige Jahrhunderte später hielt der Islam Einzug in die Region. Die alte Staatsreligion wurde zum Aberglauben erklärt und nur der Glaube an den einzigen Gott, mit Mohammed als seinem Propheten und dem einzig wahren Buch erhielt Gültigkeit. Trotz dieser umfassenden Änderung der Weltsicht passierte es, dass ein Mensch in eine Familie hineingeboren wurde, die koptischen Glaubens war (oder eben auch heute noch ist) und Jesus als Messias verehrt, mit der Bibel als einzig wahrem Buch. Es brauchen vielleicht nur ein paar Straßenzüge dazwischen zu liegen oder einige Jahrzehnte und die Glaubensgemeinschaft wäre eine andere. Austauschbar und gar nicht mehr Teil einer höheren Ordnung.

Ich finde es äußerst interessant, von dieser Warte aus die Religionszugehörigkeit zu betrachten und würde gerne noch ein weiteres Beispiel beschreiben. Sofern es die Zeit erlaubt.

Bitte sehr. Erst wenn das Licht ausgeht, müssen wir den Raum verlassen.

Gut, ich beeile mich. Ist es denn schon so spät?

Die Sonne geht noch nicht auf.

Dann lassen Sie mich die noch bestehende Dunkelheit nutzen und nach Mitteleuropa wechseln ... und ... vielleicht kann ich Ihnen danach noch die Geschichte vieler Schwarzafrikaner beschreiben, wenn ich schon dabei bin.

Das wird wohl möglich sein.

Sehr gut. Bei den Sachsen galt eine uralte und riesige Eiche, die Irminsul, als Heiligtum. Ihr wurde für das Wohlergehen der Menschen geopfert. Damit war es vorbei, als Karl der Große den Baum einfach fällen ließ, um die Wirkungslosigkeit ihres Glaubens zu demonstrieren. So wurden die heidnischen Sachsen mehr oder weniger gute Katholiken. Mehrere Jahrhunderte später, nach dem Einsetzen der Kämpfe um den wahren Glauben zwischen Lutheranern und dem von Rom geleiteten Bekenntnis, hing es für einige Zeit davon ab, in welchem der vielen Königreiche ein Untertan gerade lebte. Durch den Augsburger Religionsfrieden von 1555 richtete sich der Glauben der kompletten Bevölkerung eines fürstlichen Einzugsgebietes nach dem Glauben des gerade regierenden Adligen. Kam ein anderer Fürst, hatte die Bevölkerung mitunter etwas anders zu glauben. Die vielen anderen Glaubensvarianten, wie die der Anhänger von Jan Hus oder den Wiedertäufern, lasse ich mal außen vor.

Setzt man die Geschichte fort und sieht sich die Bedingungen im 20. Jahrhundert an, so entschied die Geburt in eine bestimmte Familie, ob jemand in der Weimarer Republik eher reaktionär bis konservativ dachte und damit eher gottgläubig war oder ob jemand in den Faschismus oder Stalinismus abglitt. Nach dem Zusammenbruch der NS-Diktatur gab es dann über die folgenden Jahre auf der Grundlage unserer Verfassung eine Säkularisierung der Gesellschaft. Heute kann jeder glauben, was er will. So gut wie alle Weltreligionen sind vertreten.

In welcher Weise sehen Sie nun bei Schwarzafrikanern etwas Vergleichbares?

Deren Glaubensursprünge liegen z.B. in Ahnen- und Geisterkulten oder Naturreligionen.

Mit der Renaissance und dem entstehenden Dreieckshandel wurden sie Ziel wirtschaftlicher Interessen. Generationen von Westafrikanern kamen durch die Sklaverei nach Nord- und Südamerika. Dort wurden sie durch ihre christlichen Arbeitgeber unter Verwendung massiver psychischer und körperlicher Gewalt dazu gezwungen, den eigenen Glauben zu verlassen und den neuen der weißen Herren anzunehmen. Dabei hatten die Schwarzen in spanischen Gebieten in gewisser Weise noch ein wenig Glück, denn mit der Vielzahl an Heiligen in der katholischen Kirche konnten sie ihre Vorstellung von vielen Göttern aus ihren alten afrikanischen Religionen recht gut übertragen, was als Synkretismus bezeichnet wird. Wenn man Gottesdienste von Afroamerikanern miterlebt, so weichen deren Vorstellungen religiöser Musik stark von europäischen ab. Heute stellt niemand aus den aufgeklärt christlichen Kirchen diese Musik als unchristlich dar.

Sie meinen also, dass kein Religionsansatz Anspruch auf die absolute Wahrheit ihres Glaubens hat, bzw. haben kann, da nur aus einem rein subjektiven Empfinden heraus Religion als unumstößlich oder unabwendbar wahrgenommen wird.

Richtig. Sehr vereinfacht gesagt: Religion ist Zufall. Sie ist dem einzelnen Menschen zugefallen. Auch wenn sich Menschen neu entscheiden und konvertieren können. Statistisch ist dies m. E. jedoch nicht so relevant wie die Milliarden von Menschen mit ihren durch familiäre Bindung entstandenen religiösen Vorgaben.

Lebensentwürfe und Werte

Dann lassen Sie uns zum nächsten Themenkomplex übergehen. Bei allem Kritischen, was Sie bisher genannt haben, können Sie dem denn einen anderen Lebensentwurf entgegenstellen, vielleicht sogar eine atheistische Lebensweise?

Ich will es versuchen, wobei mir die Idee einer atheistischen Lebensweise etwas hoch gegriffen erscheint. Vielleicht passt menschenfreundlich, also am Menschen und der Natur orientiert, eher?

Ich möchte kurz etwas an den Anfang meiner Überlegungen stellen: Wo Glaubenssätze oder moralische Werte besonders strikt vertreten werden, ist die Gefahr von Lügen und bigottem Verhalten besonders groß. Wir besprechen das Ganze ja hier eher unter dem Blickwinkel von Atheismus und Religion. Dieser Satz gilt aber darüber hinaus und kann auf alle im Extremen liegenden Weltanschauungen bezogen werden.

Also auch auf Diktaturen, die atheistisch sind oder waren?

Davon bin ich fest überzeugt. Es besteht in der Rigorosität immer eine vergleichbare geistige Haltung, auch wenn sie unterschiedlich eingefärbt sein kann und sich religiös oder ideologisch-politisch begründet. Die Auswirkungen auf die Menschen sind dieselben. Ich möchte aber zur Verdeutlichung zwei Beispiele aus dem religiösen Bereich nehmen: Wenn die Meldung einer Zeitung stimmt, so würden in den USA besonders diejenigen Jugendlichen risikoreichen Sex praktizieren, die extrem religiös erzogen wurden. Sie wollen sich für die Ehe aufheben - wie sie das begründen - und ertragen dann ihre Enthaltsamkeit nicht. Das Ergebnis sind unüberlegte Handlungen, die bei anderen, weniger religiös fixierten Jugendlichen, mit mehr Bedacht angegangen werden. Sie gehen ehrlicher mit dem eigentlichen Problem der Verhütung um und werden nicht in Gewissenskonflikte mit überhöhten Glaubenssätzen aus Gottgefälligkeit gebracht.

Das zweite Beispiel hat mit dem Islam zu tun, wäre aber genauso gut in anderen Religionen denkbar: Im Islam ist Homosexualität verboten. Sie wird aber gerade durch die Religion befördert, da der sexuelle Kontakt zu Frauen vor der Ehe als ein Verstoß gegen göttliche Regeln gilt. Was tut nun ein Mann in dieser Phase seines Lebens…?

Warum beginnen Sie mit Beispielen aus dem Bereich Sexualität, wenn ich Sie nach einer atheistischen Lebensweise frage?

Ich hätte auch anders beginnen können. Aber ich kann davon vieles ableiten, auch Grundsätzliches über ein atheistisches Verständnis, da es in den meisten Religionen irgendwelche Vorschriften zur richtigen Ausübung der Sexualität gibt...

…und zum Essen.

Das stimmt. Das geht in gewisser Weise in die gleiche Richtung. Es sind sehr persönliche Bereiche. Hat man es durch „Vorgaben von höchster Stelle" geschafft, sich in diesen Bereichen in die Köpfe und Emotionen der Menschen einzupflanzen, kann man darüber hinaus auch Macht über sie ausüben. Vielleicht kann man sagen, dass es ein Eingangstor in die Gedankenwelt anderer Menschen ist. In der Folge kann ich dann auch andere Inhalte transportieren, die z. B. politisch sind. Ich finde die

„Machtergreifung" über die Sexualität und – so wie Sie sagen – das Essen so perfide, weil sie zu den Grundbedürfnissen des Menschen gehören. Weder auf das Eine noch auf das Andere kann man verzichten und es weglassen. Wenn aber dagegen verstoßen wird, wird ein schlechtes Gewissen erzeugt und man hat sich schuldig gemacht. Dem Schlag mit einer solchen moralischen Keule kann ein Mensch nur schwer ausweichen. Überwiegend wird sie treffen und eine Delle hinterlassen. Um den Bogen zu ihrer Frage zu finden...

Die Beispiele sollen zeigen, was Regeln bewirken, die an der menschlichen Natur vorbeigehen. Wir sind sexuelle Wesen. Damit gehört die sexuelle Selbstbestimmung zu den Grundbedingungen eines ausgeglichenen und erfüllten Lebens. Damit verbunden sind dann auch soziale Aspekte, z.B. die Art des gegenseitigen Kennenlernens und das Verhältnis der Geschlechter zueinander. Wie verhalten sich also Mann und Frau. Der Weg zum Begriff der Freiheit ist dabei nur kurz. Ich komme von den Beispielen aus dem Bereich der Sexualität weg zur allgemeinen Selbstbestimmung des Menschen. Freiheit und Selbstbestimmung haben ihren Gegenpart in Freiheit und Selbstbestimmung meiner Mitmenschen. Damit finden sie ihre Relativierung und Begrenzung. Es gibt also keine überbordende Freiheit des Einzelnen, sondern man findet sich beim Begriff der Verantwortung, genauer bei der Eigenverantwortlichkeit, wieder.

Das ist ja ein ganz aktuelles Thema, das durch den ehemaligen Bundespräsidenten Gauck in die Diskussion gebracht wurde.

Ja. Wer ihm ernsthaft vor seiner Wahl zugehört hat, der konnte m. E. nicht auf den Gedanken kommen, dass er den Wert der Freiheit absolut setzen würde. Sie kann nur im Verhältnis zu anderen wichtigen Werten gedacht werden. Rosa Luxemburg als kommunistische Atheistin meint doch nichts anderes.

...Freiheit ist immer auch die Freiheit des Andersdenkenden?

Mit diesem Satz konnte eigentlich kein diktatorischer Staat auf der Linken eine Legitimation ableiten. Aber man versuchte es trotzdem.

Und ist gescheitert.

Letztlich neben den ökonomischen Problemen genau aus diesem Grund.

Stehen hier Gauck und Rosa Luxemburg auf einer Seite? Ein überzeugter Christ und eine ebenso überzeugte Kommunistin?

Warum nicht? Es besteht kein Widerspruch. Menschen mit einer freiheitlichen Haltung stehen immer auf der gleichen Seite, auch wenn sie dort nicht alle an der gleichen Stelle stehen müssen. Da können und müssen auch Abstände und Unterschiede bestehen, die sich an den einzelnen Themen des gesellschaftlichen Lebens festmachen. In den siebziger und achtziger Jahren wurde dafür öfter der Begriff des Pluralismus verwendet. Er ist etwas aus der Mode gekommen. Aber er benennt eigentlich das, was eine offene Gesellschaft ausmacht.

…den Widerstreit von Interessen. Dazu müssten alle die gleichen Chancen haben.

Natürlich. Auch wenn einzelne Interessengruppen zeitweise mächtiger erscheinen. Längerfristig gibt es in einer offenen Gesellschaft immer eine Gegenbewegung, die eine Korrektur ermöglichen kann. Jede Seite hat ihre eigenen Mittel, die die der anderen einschränken können. Dabei scheinen die Entwicklungen eher in Einheiten von Jahrzehnten zu verlaufen, also eher langsam. Geduld ist gefragt.

Geben Sie bitte ein Beispiel!

Ich glaube, man kann dafür die gesamte Entwicklung der Bundesrepublik Deutschland nehmen. In den fünfziger und sechziger Jahren war die Bundesrepublik noch sehr stark mit der Aufarbeitung der NS-Diktatur beschäftigt. Alte Nazis fanden sich trotz Entnazifizierung in allen Teilen der Gesellschaft. An der Gesellschaft insgesamt waren die zwölf Jahre Diktatur nicht spurlos vorüber gegangen. Es bestand eine starke Autoritätsgläubigkeit. Auf dem Lande war der Einfluss der Kirchen sehr stark. Man glaubte den Männern noch, die von der Kanzel sprachen. Aber trotz der gedanklichen Enge konnten sich neue Ideen entwickeln und Veränderungen bewirken.

Sie denken dabei an das Ende der Sechziger, mit den Studentenunruhen?

Stimmt. Man lehnte sich gegen die alte Generation der Väter auf. Es wurde alles in Frage gestellt, was bisher Bestandteil der Gesellschaft war.

Traue keinem über dreißig!

Dieser plakative Slogan war damals doch sehr treffend. Alle Hierarchien wurden hinterfragt: Schul- und Unistrukturen mit ihren Lehrinhalten, Familienstrukturen bis hin zur Sexualität. Es war eine kulturelle Revolte. Und wie in vielen gesellschaftlich formulierten Gegenthesen zum Bestehenden muss wohl leider überzeichnet werden, um sich vom alten Zopf inhaltlich deutlich abzusetzen: So wurde die Tochter einer Pfarrersfamilie zur Terroristin und handelte so wie die Generation, gegen die sie sich wegen ihrer Gewalttätigkeit absetzen wollte.

Gudrun Ensslin?

Ja. Die antiautoritäre Erziehung in der neu entwickelten Kinderladenbewegung stellte sich mit äußerster Konsequenz gegen alte Herrschaftsstrukturen in den Erziehungsanstalten. Man riss alte Mauern ein und schickte die Kinder in ein grenzenloses Niemandsland, wo es nichts mehr gab, an dem sie sich festhalten und orientieren konnten…

…das klingt doch alles aber eher negativ!

Einen kleinen Moment, es geht doch noch weiter. Es gibt Situationen, in denen muss zu weit gegangen werden, damit eine Veränderung möglich wird. Das heißt, es ist jedes Mal eine klare Fehlentwicklung, um die die Akteure dieser Veränderungen anscheinend nicht herumkommen. Das ist natürlich nur die Beschreibung der gesellschaftlichen Abläufe und keine wie auch immer geartete Rechtfertigung. Aber – wie soll ich das ausdrücken? – alle hatten aus diesen Entwicklungen gelernt. Die antiautoritäre Erziehung existiert zwar nicht mehr, aber es hatte sich daraus eine reformierte Kinderladenbewegung ergeben, die dann sogar vom Staat, d. h. in diesem Falle von der Stadt Berlin gefördert wurde. Sie hießen dann Eigeninitiativkindertagesstätten...

...wunderbar ...

...und wurden von den Eltern verwaltet, die selbst Erzieherinnen und – man beachte - die ersten Erzieher einstellten. Eine eindeutig positive Veränderung, die eine Demokratisierung bedeutete. Ich bin ein wenig stolz darauf, dass wir für unsere erste Tochter mit anderen zusammen eine solche Ei- Kita gegründet haben und Teil dieser Überlegungen waren.

Noch einmal bitte zurück zum Aspekt Terrorismus? Was war damit?

Gewalt als Mittel zur Durchsetzung von politischen Zielen war in Deutschland gescheitert. Unsere Demokratie war damals schon so stabil, dass es keine „Fratze des Faschismus" gab, die sich hinter den Institutionen des Staates – nach Ansicht der Terroristen - verbergen konnte. Und die vielen sog. K-Gruppen, also die unzähligen Gruppen wie KPD/Roter Morgen oder KPD/Marxismus-Leninismus des linken Spektrums scheiterten. Sie hatten sich alle lächerlich gemacht, da jede Gruppe in einem Alleinvertretungsanspruch behauptete, die „Wahre Kommunistische Bewegung" zu vertreten, so, wie bei allen Heilslehren!

Also, Sie meinen, auch hier gibt es wieder nicht die eine Wahrheit, sondern nur viele Wahrheiten.

So ist es. Seitdem haben sich die gesellschaftlichen Normen so weiter verschoben, dass es eigentlich kaum noch welche gibt. Das Leben hat sich ausdifferenziert: die Rolle der Frau in Familie und Beruf, der Familienstatus, geschlechtsspezifische Berufsausbildungen, sexuelle Ausrichtungen, die Wahrnehmung von behinderten Menschen sind Themen, die nicht mehr durch vorgefasste Antworten zur Seite gelegt werden können, sondern mit neuen und angemesseneren Lösungen versehen werden, die dann auch wieder in Frage gestellt werden können, wenn sich die Situation verändert hat.

Können Sie jetzt den Bogen schlagen zum Ausgangspunkt unseres Gesprächs, zum Inhalt Ihres Traktates?

Nun, die einfachste Antwort lautet: Die Gesellschaft hat sich säkularisiert. Nichts Unbekanntes oder Neues! Wir sind grundsätzlich dazu in der Lage, Antworten zu geben, die unabhängig von irgendwelchen Stellen in der Bibel zu finden sind. Genauer gesagt, besitzt die Bibel an vielen Stellen keine Aussagekraft mehr, außer, dass sie das Weltbild und den Wissensstand der Menschen repräsentiert, zu deren Zeit die einzelnen Texte entstanden sind. Zudem behaupten die kirchlichen Vertreter immer, sie seien die einzigen, die die Frage nach dem Warum, nach dem Sinn und Zweck des Lebens, nach Anfang und Ende von allen Dingen beantworten könnten. Das ist jedoch ein Trugschluss, denn es fehlt die inhaltliche Substanz: Die Bibel weiß, wie der Weltenanfang war? Die Bibel weiß, woher der Mensch kommt und wohin er nach dem Tode geht? Die Bibel weiß, was am Ende der Menschheitsgeschichte geschieht? Keine der Fragen kann beantwortet werden. Sie sind nicht beantwortbar; man kann darüber spekulieren. Zu einer atheistischen Haltung gehört meines Erachtens auch der Mut, etwas nicht zu beantworten und als Frage stehen zu lassen.

Immer nur ein Mensch

Sie sehen die Kirchen darüber hinaus unter einem starken Legitimierungsdruck, weil immer nur Menschen Aussagen treffen.

Sehr befremdlich finde ich immer wieder, dass bei allen Religionen, egal, was über die Sphären außerhalb unserer Erde behauptet wird, am Ende dieser Nachrichtenkette immer, aber auch immer, ein Mensch steht.

Ein Mensch, wenn auch ein gläubiger Mensch, sagt, was Gott – oder die Götter - von uns erwarten. So findet sich beispielsweise ein Gottesmann mit erhobener Stimme und erhobenem Zeigefinger und droht den Ungläubigen mit Gottes Willen, der wieder von anderen gutgläubigen Mitmenschen in die Tat umgesetzt wird. In ungünstigen Fällen kann das sogar das Leben kosten. Mit einem anderen Blick bezeichnet man solche Worte klar als Aufruf zum Mord. Was soll man von solchen Religionsausrichtungen halten?

Bei einem anderen Beispiel will Gott keine voreheliche Vereinigung. So dachte Er auf jeden Fall und ohne Ausnahme früher. Gott sagt das im Islam überwiegend immer noch, auch bei den orthodoxen Juden und im Hindu-Glauben sagen Gott bzw. die Götter das immer noch. Also auf jeden Fall für die Frauen. Aber in Berlin sagt er das überwiegend nicht mehr. Es sei denn, Mann oder Frau sind katholisch, dann gilt es nach dem jeweiligen Kardinal immer noch. Aber – man hält sich nicht mehr so unbedingt daran …

Das sind jetzt verschiedene Haltungen und Meinungen zu diesem einen Thema. Es gibt natürlich noch andere Themen, wo göttliche Grundsätze durch verschiedene Menschen in verschiedenen Epochen und unter Nennung der jeweils passenden Bibelstellen sehr variabel vertreten werden, so dass man eigentlich nur noch fragen kann: „Ja, was will Er denn eigentlich?" Irgendwie kommt er doch von Hops zu Mops! Klare Linien sind nicht mehr zu erkennen!

Na…, vielleicht doch bei Ihnen die Sehnsucht nach…

…jetzt unterstellen Sie mir bitte nicht, ich sei auf der Suche nach der letzten Wahrheit und will insgeheim doch ergründen, was ursprünglich Gottes Wille war. Ich bin immer noch Atheist! Deshalb frage ich lieber, liegt nicht die Vermutung nahe, dass ausschließlich wir Menschen uns über die Dinge des Lebens äußern? Gott ist ein Gespinst, das nicht über den inneren Rand unserer Schädeldecke hinaus gekommen ist.

Wenn Sie vor die Entscheidung gestellt wären, abzuwägen, was glaubhafter und naheliegender ist bei der wirklich unendlichen Vielzahl von menschlichen Äußerungen über die vielen Götter oder den „Einen" Gott der drei großen Religionen, und was sie alle von uns verlangen

… würden Sie da nicht die Vorstellung bevorzugen, dass sich jeder kleine Mensch in seinem kleinen Hirn nur etwas ganz Großes ausgedacht hat? Als dass dieses Große wirklich außerhalb seiner fantasiebegabten grauen Zellen besteht…? Wenn Gott allmächtig ist, warum ist er dann immer und ausschließlich auf die Deutung seiner Worte durch Menschen angewiesen? Er kann sich offensichtlich nicht selbst äußern. Ach nein, natürlich gibt es darauf eine passende Antwort: Er besitzt die Allmacht, sich auch nicht zu äußern. Nicht sehr überzeugend, aber eine Antwort.

Hier passt Ihre Definition oder Erklärung einer Gottesinstanz ins Bild. Wenn Sie erlauben, lese ich das einmal vor.

Bitte.

Auf Seite 17 Ihres Traktates schreiben Sie: „Der Mensch hat sich selbst eine ihm übergeordnete Instanz geschaffen, die es ihm ermöglicht, sich z.B. selbst zu entlasten, Ängste zu projizieren, ein Gegenüber zu erschaffen, das jederzeit verfügbar und ansprechbar ist, aber eine Illusion darstellt, da sie nur ein Dialog mit sich selbst ist."

Wenn man dem Glauben skeptisch gegenüber steht, muss das nicht heißen, dass man alles erklären könnte. Es gibt sicherlich keinen Zweifel darüber, dass die Wahrnehmung des Menschen nur Teile der physikalischen Wirklichkeit realisieren kann. Wir schauen immer nur durch unterschiedlich große Fenster in eine dahinter liegende Realität. Wir sehen Ausschnitte, haben aber den unbändigen Willen, die Dinge dahinter verstehen zu wollen. Die Erfindung von Röntgengeräten, der Magnetresonanztomografie, von Fernsehen und Radio, dem Telefon, dem Handy oder des Navis belegen die Fähigkeit des Menschen, über seine direkten organischen Wahrnehmungsinstrumente hinaus Erkenntnisse zu gewinnen und anzuwenden, die sich ihm eigentlich entziehen. Es ist jedoch etwas ganz anderes, diese erkannten oder noch nicht erkannten Gesetzmäßigkeiten mit einem dahinter befindlichen denkenden und handelnden Wesen in Verbindung zu bringen.

Religion ist gut und böse

Anderes Thema: Was halten Sie von der Diskussion über den Missbrauch von Religionen...

Sie meinen, wenn im Namen einer Religion Gewalttaten verübt werden? Quasi, wenn der Glaube als Waffe eingesetzt wird?

Ja, zum Beispiel.

Das ist ein schwieriges Thema.

Es wird dann oft von Verfehlungen gesprochen, die nichts mit dem eigentlichen Sinn der Religion zu tun haben. Wie sehen Sie das?

Ich glaube, man kann das Eine nicht vom Anderen trennen. Wenn man einen Teil abspaltet und sagt, der Teil gehört nicht dazu, das hat nichts mit dem Glauben zu tun, dann verschließt man die Augen vor dem negativen Potenzial, das in dieser Ideenwelt liegt. Das kann man m. E. aber auf jede Ideenwelt übertragen.

Nichts ist nur gut?

In dem knappen und etwas banal anmutenden Satz steckt viel Wahres. Ich habe mich in meiner Streitschrift nicht um zitierbare Belege für meine Argumentation gekümmert, weil ich der Meinung bin, es gibt genügend Kritikmöglichkeiten ohne Zitat an Zitat zu reihen. Aber es dürfte wohl kein Problem sein, ausreichend Stellen in beiden Büchern zu finden, die von massiver Gewaltanwendung oder Androhung von Gewalt handeln, die sogar explizit von Gott oder in seinem Namen verlangt wird. Ich möchte nur die Episode mit der zunächst verlangten Opferung von Abrahams Sohn Isaak anführen. Genauso werden sich entsprechende milde, tröstende und wohlwollende Stellen finden.

Damit ist eine ausreichende Grundlage für Interpretationen geschaffen. Wer will, kann die Sanftheit, den Schutz und die emotionale Unterstützung finden. - So, wie heute in Europa eher der gütige Gott, eben der „Liebe Gott" propagiert wird. - Sie können aber auch den Hass oder die Ablehnung gegenüber z.B. Juden, Frauen, Selbstmördern oder behinderten Menschen herauslesen.

Dann spielt eher eine Rolle, welche Strömung gerade die Oberhand hat?

So denke ich.

Viele Moslems in Deutschland haben das Problem, dass sie in einen Topf geworfen werden mit den Gewalttätigkeiten in den Islamischen Staaten.

Das sehe ich auch als ein Problem. In der Tat fühlen sich die vielen friedlichen Moslems zu Unrecht mit dem gewalttätigen Teil der Salafisten verglichen. Wenn diese Leute aber den Koran zitieren, kann sicherlich nicht behauptet werden, sie würden den Koran nur falsch auslegen. Sie können ja auf jeden Fall darauf verweisen und existierende Stellen zitieren. Hier muss man schon daran erinnern, dass sich der Glaube in seiner Anfangszeit nicht mit guten Worten, also mit friedlichen Mitteln verbreitet hat, sondern durch das Schwert! In diesen Zusammenhang lohnt das Buch von Laila Mirzo über die konträren Werte von Koran und westlicher Weltanschauung. Frau Mirzo ist mittlerweile konvertiert.

In Diskussionen kommt oft das Argument, es gebe ja den einen und ausschließlichen Islam nicht. Jeder lebt einen anderen.

Naja, Sunniten und Schiiten bilden sich wohl recht deutlich und zwar weltweit als vorherrschende Gruppen heraus und lehnen sich gegenseitig gerne ab. Die gegenseitige Abneigung entstand beim Streit um die richtige Nachfolge Mohammeds und wurde nicht gewaltfrei gelöst. Da verwundert es nicht, wenn die alewitische Glaubensgemeinschaft in ihrer Auslegung des Korans zu einem überwiegenden Teil von Sunniten und Schiiten abgelehnt und teils sogar mit Gewalt bedroht wird. Auch wenn dies von Land zu Land unterschiedlich ausgeprägt sein kann. Wenn darum gestritten wird, ob man dem Islam gegenüber Vorbehalte haben sollte oder ob er eine freundliche Religion ist und kein Misstrauen verdient, kann man vielleicht mit folgender Überlegung weiterkommen: Wie würden Sie beschreiben, wie der Mensch ist? Nicht ein einzelner, sondern die Spezies, also die Kategorie „Mensch". Was würden Sie sagen?

Soll ich die Frage jetzt selbst beantworten oder ist das Rhetorik?

Beides. Wie Sie wollen.

Dann lösen Sie doch die Frage am besten selbst auf!

Gut. Dann setze ich jetzt einfach Eigenschaft an Eigenschaft: Er ist boshaft, gewalttätig, gemein, folternd und vergewaltigend, ist egoistisch und selbstverliebt aber auch poetisch, altruistisch, am Gemeinwohl interessiert und zur Empathie fähig. Würden Sie widersprechen?

Das kann man wohl nicht. Und Sie halten es für zulässig, dies auf den Bereich der Religion zu übertragen?

Unbedingt. Gott bleibt weiterhin nur eine Idee und die unterschiedlichen Religionsvarianten sind die jeweilige Interpretation dieser Idee. Wir Menschen tun mit ihr, was wir wollen. Also, ich meine damit vorrangig k e i n e Atheisten, wir sind dabei außen vor, ich meine die Gläubigen unter uns Menschen! Religion ist - so, wie sie sich auch konkret immer wieder darstellt - gut und böse zugleich.

...ein Nullsummenspiel, wie Sie es in ihrer Schrift bezeichnen.

Im günstigsten Fall. Sieht man sich die Religionsgeschichte von Christen, Juden und Moslems an, sieht man sich das Für und Wider an, so ergibt sich wohl bei einer Bewertung höchstens ein Nullsummenspiel ...

...ein Begriff aus der Spieltheorie...

...bei dem sich Vor- und Nachteile die Waage halten. Zu mehr reicht es leider nicht. Auf der einen Seite stehen massivste Gewalt mit Tod, Unterdrückung und Missbrauch einer Vielzahl Andersdenkender und dies über Jahrhunderte hinweg bis in die Gegenwart.

Können Sie zur Veranschaulichung einige Beispiele nennen?

Na, Sokrates musste z.B. seinen Schierlingsbecher wegen Asebie, also wegen der Leugnung der Götter trinken. Bei den Römern war ebenso klar geregelt, dass an die offiziellen Götter zu glauben sei, sonst drohte die Todesstrafe oder die Verbannung. Es folgten Christenverfolgungen (bis heute), die massenhafte Hinrichtung der Sachsen bei Karl dem Großen, die Bauernkriege, der 30jährige Krieg, das Gemetzel der Katholiken unter den Hugenotten in der Bartholomäus-Nacht in Frankreich...

...gut, ich glaube, das war überzeugend. Was sehen Sie nun als Vorteil an...

...Auf der anderen Seite findet sich das Tröstende mit seinen Ritualen, die Wertgebung, das individuell Schutzgebende. Nach meinem Wissen bietet als eine der wenigen großen Religionen der Buddhismus über historische Zeiträume eine andere Bilanz, da er z.b. die Missionierung ausschließt. Auch wenn gegenwärtig Vertreter in Myanmar und Sri Lanka dieser Religion in erschreckendem Umfang eine gewalttätige Ausdeutung gegenüber den muslimischen Rohingyas bzw. den Tamilen geben. Die bisherige und hoffentlich weiterhin friedfertige Glaubensinterpretation lässt sich vielleicht darauf zurückführen, dass auf den Einen Gott verzichteten wird. Der Monotheismus scheint häufiger in seinem Glaubenssog einen „göttlichen" Alleinvertretungsanspruch mit sich zu bringen und damit die Inakzeptanz gegenüber anderen Vorstellungen von Glauben oder Spiritualität. Daraus lässt sich auch Gewaltanwendung, Respektlosigkeit und Ignoranz ableiten. Dies ist leider hinlänglich durch die Geschichte belegt: Glaubensfragen sind eben auch Machtfragen.

Übrigens, da Sie gerade das Gespräch darauf gebracht haben, ob man nun Religionen nach Gut und Böse bewerten kann, was auch schnell in etwas mühselige und missverständliche Diskussionen führt. Ich habe nach anderen Wegen der Beurteilung gesucht.

Und, haben sich welche ergeben?

Ja, kurz nach Veröffentlichung der Streitschrift ist mir dieser Aspekt klar geworden und soll, soweit ist das schon mit dem Verlag besprochen, bei einem weiterhin anhaltenden Interesse in der zweiten Auflage als Erweiterung aufgenommen werden.

Worum handelt es sich?

Ich betrachte eine Religion ohne den göttlichen Überbau und sehe sie nur in ihren Auswirkungen und Vorgaben für die Gläubigen an.

Sie meinen, was macht die Religion mit den Menschen, die an sie glauben?

So könnte man das vielleicht sagen. Ich sehe sie mir allein als eine Weltanschauung an, als Ideologie mit einem je eigenen Wertekanon, dessen vermeintlich göttliche Ideenwelt mehr oder weniger stark auf das irdische Verhalten der Anhänger Einfluss nimmt. Für eine Einordnung verwende ich neun weltliche Kriterien, die eine unterschiedliche Gewichtung erhalten. Sie sollen einen Demokratie-Index ermöglichen, in dem der Status einer Religion im Verhältnis zu Demokratie, Freiheit und Toleranz feststellbar ist.

Welche Kriterien haben Sie verwendet?

Es gibt drei Bereiche, denen sie zugeordnet sind: Der erste Bereich umfasst die Bedeutung persönlicher Vorschriften, dazu gehören Kleidung, Essen, Sexualität, Religionsausübung und Heirat mit dazugehöriger Partnerwahl. Danach erweitern drei Aspekte den Blick auf das Gesellschaftliche, indem ich nach der Akzeptanz von Verfassung, naturwissenschaftlichen Erkenntnissen und Andersdenkenden und –glaubenden frage. Diese Angaben mit gesellschaftlicher Relevanz werden mit dem Faktor 2 multipliziert…

…wegen der stärkeren Bedeutung?

Die Punkte gehen über das Individuelle hinaus.

Pardon, ich hatte Sie unterbrochen. Gibt es aber noch weitere Punkte?

Ja, einen. Der aber eine sehr hohe Bedeutung besitzt. Deshalb wird die Angabe mit vier multipliziert. Es geht um die Stellung der Frau gegenüber dem Mann und der Gesellschaft. Wie unabhängig und selbstbestimmt kann sie sich verhalten? Es betrifft ja immerhin wenigstens fünfzig Prozent einer Gemeinschaft. Wie offen oder geschlossen sich eine Gemeinschaft verhält, spiegelt sich m. E. darin recht gut wider. Vielleicht noch eine Erläuterung zur richtigen Einordnung des letztgenannten Punktes. Bei rein wissenschaftlichen Befragungen geht es um die Trennschärfe der einzelnen Kriterien, damit eine eben wissenschaftlich fundierte Aussage getroffen werden kann. Redundanzen, also Überschneidungen der einzelnen abgefragten Kategorien sollen vermieden werden. Der Aspekt „Frau" kommt auch in den anderen Punkten vor. Trotz der Überschneidungen ist es aber m.E. möglich, mit dieser Liste mehr Klarheit in unserer besprochenen Frage zu bekommen.

Gut. Danke für diese Klarstellung und Erläuterung. In welcher Weise lassen sich nun die Eintragungen machen?

Es gibt die Werte Null, eins und zwei. Für Null steht die völlige oder fast völlige Reglementierung. Individuelle Entscheidungen sind ausgeschlossen oder so gut wie ausgeschlossen. Es gibt massive Vorgaben durch Autoritäten oder Ältere. Zweifel äußern ist mit einem Risiko bis hin zur körperlichen Gefährdung verbunden. Die Ablehnung religiöser Positionen oder Rituale der eigenen Glaubensgemeinschaft wird mit Sanktionen belegt.

Wonach sollen die anderen Punkte vergeben werden?

Da dies erst einmal nur grundlegende Überlegungen sind, die aber doch schon eine gewisse Trennschärfe besitzen sollen, sind nur für die Vergabe von zwei Punkten genauere Angaben gemacht. Sie sollen vergeben werden, wenn keine Vorschriften bei der Religionsausübung gemacht werden und jeder Mensch religiöse Entscheidungen nach eigener Überzeugung treffen kann. In diese Richtung gehört auch, dass Glaubenszweifel offen geäußert und – wie man so sagt – ergebnisoffen diskutiert werden können. Es liegt nahe, dass bei dieser religiösen Haltung eine Ablehnung oder Abweichung von Glaubensgrundsätzen nicht sanktioniert wird. Vergibt man einen Punkt, liegen die religiösen Auswirkungen nach individueller Einschätzung dazwischen. Genauer ging es bisher nicht. Das Ergebnis muss dann zwischen 20 und 30 (dem höchstmöglichen Wert) liegen, damit ein angemessenes Verhältnis zu Demokratie, Freiheit des Einzelnen und gesellschaftlicher Toleranz erreicht ist.

Wer erreicht denn nach diesem Index einen hohen Offenheitswert? Kann den überhaupt jemand erreichen?

Doch, den kann jemand erreichen. Im Christentum ergeben sich solche Werte bei – ich sag immer – aufgeklärten Christen. Sie sollen aber nur ein Beispiel sein. Ich denke, dass im Islam die Gemeinschaft der Alewiten eben solche hohen Werte erreichen kann. Darüber hinaus gibt es in sicherlich jeder Glaubensrichtung individuelle Ausprägungen, die ebenfalls in diese liberale bzw. säkulare Richtung gehen, aber z. B. Orthodoxe, also rechtgläubige Positionen werden das weniger schaffen.

Sie wollen das vermutlich auch gar nicht. Es wird ihnen wohl eher egal sein.

Das ist anzunehmen, da weltliche Maßstäbe für sie zweitrangig sein werden. Aber ich bin mit diesen Kriterien weg von der wenig aussagekräftigen und moralisierenden Fragestellung: gute Religion oder böse Religion? Ich kann meine Maßstäbe benennen. Darüber kann man sich dann auseinander setzen.

Konstruktivismus

Wenn ich mir den Verlauf unseres Gespräches betrachte, dann scheint sich eine Grundidee wie ein roter Faden durch die besprochenen Themen zu ziehen. Würden Sie sich eigentlich als Konstruktivisten bezeichnen?

Meiner Wahrnehmung folgend, würde ich sagen „ja". Wenn ich davon ausgehe, dass jeder Mensch aus seiner eigenen Welt, seinem eigenen psychischen Kosmos heraus agiert, dann bietet mir diese Überlegung eine relativ gute Chance, das Verhalten und Denken anderer Menschen zu verstehen. Es beinhaltet jedoch dabei auch das grundlegende Problem von Missverständnissen, da jeder Mensch seine Vorstellung von der Wirklichkeit hat und Worte und Begriffe möglicherweise bei einem Gesprächspartner eine andere Bedeutung haben als für einen selbst. Um dem Rechnung zu tragen, muss ich dazu bereit sein, nachzufragen: was hat jemand gerade gemeint, habe ich das gerade richtig verstanden, oder habe ich es zu sehr durch meine eigene Brille gesehen. Jeder glaubt doch, was er denkt! - und ist überzeugt davon.

Wenn Sie wiederholt von einer eigenen Welt sprechen, in der sich jeder Mensch befindet, dann entsteht die Frage, wie er da hinein kommt? Wird er dort hineingeboren, kommt er so schon auf die Welt? Kann er überhaupt noch etwas von außen wahrnehmen?

Ja, das kann er. Aber der Reihe nach. Man weiß mittlerweile, dass ein Bündel von Einflüssen für diese Entstehung verantwortlich ist. Das ist, denke ich, aber Allgemeingut geworden: Die Eltern arbeiten sehr stark daran mit. Wir sprachen ja schon davon. Kindheitserlebnisse prägen für den Rest des Lebens. Die gesprochenen Worte und auch die nicht gesprochenen. Aber da die Eltern selbst einmal Kinder waren, kommen diese Erlebnisse auch bei der Folgegeneration zum Tragen. Es gibt eine überindividuelle Wirkung des Erlebten. Dazu gehören dann auch die früheren Lebensbedingungen der Eltern oder Großeltern, die einfließen: Gab es Krieg, wurde er gewonnen oder verloren, war ein Mensch Opfer, Täter oder Mitläufer? Erlebten die Menschen eine Hungersnot oder ein Erdbeben? Die gesellschaftlichen Ereignisse prägen ebenso wie das Geschlecht, Schichtzugehörigkeit und anderes wie beispielsweise genetische Vorgaben. Damit ist sicherlich längst noch nicht alles genannt. Und zudem kann sich natürlich der Blick auf die Welt auch durch das gelebte Leben verändern: zum Besseren oder zum Schlechteren. Wenn ich gesagt habe, dass jeder Mensch in seiner eigenen Welt lebt, dann ist damit keine statische Vorstellung verbunden. Nur, wenn man auf einen anderen Menschen trifft, dann erlebt man ihn in einer Momentaufnahme, bei der er aus seiner dann gerade aktuellen Sicht handelt - mit allen Stärken und Schwächen. Ich bin der festen Überzeugung, dass diese Einflüsse auf einen Menschen eine höhere Erklärungs- und Erkenntniskraft besitzen als der Glaube an ein höheres Wesen, dass für alles verantwortlich oder zuständig sein soll. Zumal bei weitem nicht alle Menschen daran glauben, denn es gibt eben hinlänglich andere Religionen und innerhalb dieser Glaubensgemeinschaften noch nicht einmal eine Einheitlichkeit - nicht einmal unter den Monotheisten. Die bunte Ansammlung ist groß: Katholiken, Protestanten, Kopten, Griechischorthodoxe, Russisch-orthodoxe, Syrisch-orthodoxe, Altgläubige, Mormonen, Methodisten, Baptisten, Presbyterianer, Amisch People, Quäker, Anglikaner, Hutterer, Hussiten, Neu-Apostoliker, Adventisten, Zeugen Jehovas und, und, und. Hinzu kommen noch Wechsel zwischen diesen Untergruppen: Ein Mensch möchte nicht mehr katholisch sein oder wechselt gerade zu diesem Bekenntnis. Andere entfernen sich ganz aus diesem Glaubenskreis. Bei den Moslems gibt es doch trotz der recht rigorosen Vorgaben in den Hauptrichtungen eine gewisse Vielfalt in den Auslegungen. Ich frage Sie, welches Erklärungsmuster für das Ganze ist überzeugender: Steckt hinter dem Ganzen ein einzelnes Wesen, oder konstruiert jeder sich seine Welt, wie er oder sie es will? Noch etwas: Fragen Sie doch einmal jemanden aus einer Glaubensrichtung, wie er zu einer der anderen Richtungen steht! Bei den Antworten werden Sie häufiger die Hände über dem Kopf zusammen schlagen. Abgrenzung, Ausgrenzung, Ablehnung, ja sogar Mord bis hin zum Massenmord. Stellen Sie doch einmal die Frage danach, welche Rolle die Frau inne hat, was sie von Homosexualität halten oder ob Menschen, wie schon erwähnt, vor der Ehe sexuelle Erfahrungen sammeln sollten? Man wird sich vermutlich in unterschiedlicher Weise auf die Bibel und göttliche Offenbarung beziehen. Angemessene Antworten, die die Menschen nicht alleine lassen, werden Sie eher selten finden. Und bei vielen Anhängern werden Sie die Meinung hören, dass nur sie selbst die Wahrheit vertreten. Da aber das Vorhandensein einer Vielzahl von Wahrheiten eher für eine konstruierte Realität spricht, löst sich jeglicher absolute Wahrheitsanspruch einer Religionsrichtung (oder Weltanschauung) auf und muss sich dem Prinzip der subjektiven Realitätsinterpretation unterordnen. Aufgeklärte Christen denken und handeln oftmals auch danach, da für sie die Erkenntnis besteht, dass niemand ein Abo auf absolute Wahrheit und Richtigkeit besitzt. Wenn also ein Mensch ein auf göttliche Existenz basierendes Welterklärungskonzept hat, wie Psychologen oder Soziologen es ausdrücken, so kann das für mich z. B. nur im Rahmen der Ökumene geschehen. Ich maße mir dabei einmal an, etwas zu einem kircheninternen Thema zu sagen.

Also der Konstruktivismus als übergeordnetes welterklärendes Ordnungsprinzip?

Ich bin der Überzeugung, dass damit mehr erklärt werden kann, als mit einem „lieben Gott", der ja außerdem auch einmal böse sein kann.

Mutig.

Vielleicht. Aber sehen Sie sich an, wie unterschiedlich die Menschen in den Epochen gehandelt und gedacht haben. Es gibt keine unverrückbaren Werte, die alles überdauern…

…Freiheit, Gleichheit, Gerechtigkeit…

…sind natürlich Ideale, nach denen gestrebt wird. Sind diese aber christlich? Unabhängig davon haben wir die hier in Westeuropa sicherlich unglaublich weit entwickelt. Aber wenn Sie südwärts Richtung Afrika oder ostwärts Richtung Russland blicken, sieht die Realität der Menschen sehr viel anders aus. Formen der

Gewalt und staatlicher Willkür bestimmen den Alltag der Menschen stärker als das Gefühl persönlicher Entfaltungsmöglichkeit. Und wenn man zzt. Jugendliche in Spanien nach ihren Entfaltungsmöglichkeiten fragt, werden sie vermutlich auch eher schmallippig darauf antworten. Wenn man einen Weltatlas basierend auf diesen Werten erstellen würde, gäbe es einige buntleuchtende Flecken, aber überwiegend wird es Grautöne bis hin zum tiefsten Schwarz geben. Dass wir uns gerade hier in Deutschland befinden und über 70 Jahre eine positive Entwicklung erleben, ist ein großer Glücksfall. Auch wenn eine Friseurin oder Krankenschwester zu wenig Geld verdient. Das ist keine Frage. Ob jemand zufrieden ist oder nicht, hängt aber auch und nicht unwesentlich damit zusammen, wie man sich seine eigene Wahrnehmung konstruiert: Glas halb voll oder halb leer. Das ist reine Interpretation und verändert die Menge des Wassers im Glas um keinen Millimeter.

…Wie lange können wir denn überhaupt noch reden?

Nun, die Sonne ist gerade aufgegangen, …aber lassen Sie uns ruhig noch ein Weilchen weitermachen.

Dann würde ich gerne noch von einer Geschichte erzählen, die vor nicht allzu langer Zeit in einer Tageszeitung stand und für mich auf sehr beeindruckende Weise deutlich macht, wie stark die persönliche Interpretation ein ganzes Leben bestimmen kann. Übrigens ein subjektiv äußerst gottesfürchtiges und gottgefälliges Leben. Die Geschichte erhält ihre ganz besondere Note, weil sie von einem Menschen erzählt, der mit seinen Überzeugungen und Empfindungen quasi aus der Zeit gefallen war: Die Zeit war einfach über diese Frau hinweg gerollt.

Sie machen mich neugierig.

Jemand hat ein Buch über Menschen in Russland geschrieben. Darin wird von einer alten Frau berichtet, die wegen ihres speziellen christlichen Glaubens als sog. Altgläubige schon zu ihren Kindheitstagen verfolgt wurde.

Wenn ich mich recht entsinne, sind das besonders strenggläubige Christen, denen die russisch-orthodoxe Kirche nicht rechtgläubig genug gewesen war. Ihnen wurde wegen ihrer Überzeugungen über Jahrhunderte nach dem Leben getrachtet.[4]

Ja, das stimmt. Sie sind gut informiert.

Man tut, was man kann.

Es war natürlich die ganze Familie betroffen. Genau genommen musste ihr Vater schon in den 30er Jahren aus einem Dorf mit Gleichgesinnten flüchten, da eifrige Politkommissare der KPdSU (kommunistische Partei der Sowjetunion) die Glaubens- und Lebensgemeinschaft der Altgläubigen, die vom Fischfang lebten, in eine kommunistische Fischereigenossenschaft umfunktionieren wollten, was dem Geist der damaligen Zeit entsprach. Es wurde nicht gefragt, ob man an einer neuen und besseren Welt mitarbeiten und welchen Beitrag man dazu leisten wolle, nein, man ging einfach von einer Zustimmung aus! Sie mussten um ihr Leben fürchten und waren aus diesem Grund tiefer in die menschenleeren Wälder Russlands geflohen. Sie lebten fast 40 Jahre unentdeckt und ernährten sich überwiegend von dem, was Wald und Wasser hergaben, waren auch häufiger von Hungersnot betroffen, nicht alle überlebten, die Mutter starb wohl dadurch, jedoch konnte die Tochter bis in die heutige Zeit überleben. Zur Konstruktion ihrer Welt gehörte es, die durch die neuen Kontakte zur Außenwelt … oder sollte ich sagen zur Jetzt-Zeit? … angebotenen Lebenserleichterungen nicht anzunehmen, da sie nicht gottgefällig waren. So durfte z. B. der kleine Ofen in ihrer Hütte nicht mit einem Feuerzeug angemacht werden, sondern musste weiterhin umständlich mit einem Kienspan entzündet werden. Trotz aller Mühsal wollte sie auch keine Konservendosen zur Vorratshaltung verwenden, sondern mühte sich weiter damit ab, Fisch und andere Lebensmittel in alter Form haltbar zu halten.

Wäre es nicht auch möglich, dass ihr die Konserven nicht geschmeckt haben?

Das ist natürlich auch eine Möglichkeit, jedoch ging es ihr nicht darum. Sie wollte diese Neuerungen nicht übernehmen, da sie es für nicht gottgewollt hielt und deshalb ablehnte. Sie meinte als wahre Christin, dass dies nicht in Gottes Plan existiere. Das war der Grund, weshalb sie auch beim Licht einer kleinen Kerze in der Bibel las und nicht mit Hilfe einer Glühbirne. Das finde ich immer noch undramatisch. Jedoch wird es für mich ziemlich problematisch, wenn jemand aus Glaubensgründen kein Essen von anderen Menschen annehmen kann, weil diese nicht den richtigen Glauben hätten und aus der Sicht der alten Frau als Häretiker eingestuft wurden. Sofern ich das noch richtig in Erinnerung habe, waren es noch nicht einmal Andersgläubige, sondern ebenfalls Altgläubige, die nur weiter Kontakt zur Welt gehalten hatten. Mit deren Ansichten wollte oder konnte die alte

Dame aber nichts anfangen. Die Maßstäbe sind also in jeglicher Hinsicht relativ, variabel und veränderbar und sind sehr stark zeitgebunden. Das zeigt sich ebenso in der Vorstellung der Altgläubigen, nach der die Zeit genau vor 7527 Jahren begann, da sie sich auf den Byzantinischen Kalender beziehen und nicht auf den Gregorianischen, nachdem man nach unserer Zeitrechnung das Jahr 2019 schreibt.

Apropos… natürlich handelten auch die kommunistischen Politkommissare auf der Grundlage ihrer konstruierten Weltsicht. Und wo befindet sich jetzt die Sowjetunion?

Für manche Anhänger immer noch im Land der Träume…

…oder Alpträume. Je nach Weltansicht. Aber da sind wir an einem Punkt, der höchst interessant und wichtig ist. Sie haben vor kurzem die Begriffe Freiheit, Gleichheit, Gerechtigkeit genannt. Sie benennen damit in gewisser Weise in einer Kurzform den Anspruch auf ein individuelles, selbstbestimmtes Leben. Zu dem sicherlich noch die Verantwortung hinzugehört. Diese Werte geben einen Rahmen ab, der mit Inhalten gefüllt werden kann, ohne jemandem etwas vorschreiben zu wollen. Der Demokratie-Index versucht in diese Richtung zu gehen. Wer sollte sich auch anmaßen, mit seinen Vorstellungen über denen der anderen stehen zu können. Diesem allumfassenden und ambitionierten Anspruch werden wir durch unser Grundgesetz gerecht. Für mich ist sie die Umsetzung eines konstruktivistischen Denkansatzes.

Um den gedanklichen Faden von eben noch einmal weiterzuspinnen: Es besteht kein Alleinvertretungsanspruch des Christentums. Unsere Verfassung gibt jedem Menschen, der hier wohnt, das Recht auf seinen Glauben, seine Religion, einschließlich des Rechtes, an keine Religion zu glauben. Damit steht die Verfassung über allen Glaubensrichtungen. In allerletzter Konsequenz also auch über deren jeweils höchstem Wesen: sei es Jahwe, Gott, Allah oder wer auch immer, denn die Verfassung ermöglicht erst die Glaubensfreiheit und allgemein gesprochen steht sie über allen Meinungsäußerungen.

Ich muss sagen, eine sehr weitreichende These und recht gewagt.

Zugegeben. Aber sie setzt eine Weltsicht um, die jedem das Recht zubilligt, ohne eine staatliche Repressalie seinen eigenen Gedanken und Vorstellungen folgen zu dürfen. Mehr noch: Staatliche Gewalt schützt sogar bedrohte Gläubige und deren Einrichtungen vor Angriffen anderer Religionsrichtungen und Weltanschauungen.

Das hört sich zwar großartig an, zumal Sie hier auch die Verfassung für sich und Ihre Meinung beanspruchen. Sie stellen damit aber doch trotzdem Ihre Weltsicht über die Sicht der Religionen. Sie werfen den monotheistischen Religionen zu einem gewissen Grad vor, an etwas zu glauben, was Sie nicht ausreichend belegen können. Sie stört es auch, wenn damit Handlungen gerechtfertigt werden. Das läuft doch aber auf ein Paradox hinaus. Sie setzen das Relative absolut. Ihre Position stünde damit über denen der anderen, obwohl Sie sagen, dass es keine Meinung gibt, die über den anderen steht. Gott ist zwar nicht beweisbar, seine Nichtexistenz aber auch nicht. „So what?" würde wohl der Engländer sagen.

(Gut gebrüllt, Löwe!) Das Paradox besteht. Und wie es mit Paradoxien nun einmal ist, sie lassen sich eher nicht auflösen. Am Ende kommt der Satz vom Anfang heraus, dass die eigene Meinung immer die richtige ist, oder doch zumindest so scheint. Wie kann man nun aus der Nummer (diesem Dilemma) herauskommen? Erst einmal würde ich sagen, dass diese Überlegungen zu Gott auf einer rein argumentativen

Basis bestehen und dass ich versuche, meine vorhandenen Zweifel auf verschiedenen Ebenen zu begründen. Dies ist ein Streit mit Worten. Von daher erlaubt. Damit ist es auch erlaubt, eine andere Position für falsch zu halten. Wenn der Disput nur mit Worten geführt wird und nicht mit dem Schwert, bleibt fast jede Position legitim. Ich erwarte ja nicht, dass der Papst oder andere Geistliche ihrem Glauben abschwören und Agnostiker oder gar Atheisten werden ... ich weiß auch nicht, ob ich wirklich in einer Welt leben wollte, in der es nur Atheisten gäbe ...Aber wenn selbst Christen den Zweifel am Glauben zulassen, sollte es möglich sein, dies auch zu einer klaren Gegenposition aufbauen zu können, die Gott ausdrücklich ausschließt, da es für so ziemlich alle ehemals göttlichen Ursachen – wie hoffentlich klar wurde - mittlerweile überzeugende weltliche Begründungen gibt.

Zum Zweiten sehe ich in der Überzeugung, dass alle sich ihre eigenen Welten konstruieren hinlängliche Belege, einschließlich der Zustimmung fast aller Menschen, die sich Tag für Tag, ob in ihrer Beziehung oder an ihrer Arbeitsstelle, mit den Auswirkungen „herumschlagen". Löst sich darin denn nicht die Absolutheit wieder auf? Es entstehen dadurch doch keine auferlegten Zwänge und keine Vorschriften, die jemandem oktroyiert werden. Vielmehr ist es als eine Beschreibung der Realität gemeint, die jedem helfen kann, auf seine Weise zu leben. So what! Der Widerspruch mag dadurch nicht aufgelöst werden, aber über eine theoretische Überlegung hinaus spielt er für den Alltag keine beschränkende oder reglementierende Rolle. Ganz im Gegenteil, er eröffnet Optionen und Vielfalt und schützt auch gegensätzliche Überzeugungen.

Wir haben das Glück, das so sehen zu dürfen!

Vielen Dank für das Gespräch.

Abschließendes zum Interview

Am Ende meiner Überlegungen möchte ich mich auf den schon einmal erwähnten Hoimar von Ditfurth beziehen.

Der 1989 verstorbene Wissenschaftler, Fernsehjournalist und Autor vieler populärwissenschaftlicher Bücher gab in seinem letzten Interview kurz vor seinem bevorstehenden Tod Auskunft über seine Lebensarbeit und die Motivation, mit der er sich zu den unterschiedlichsten Themen äußerte.

Dabei ging es ihm immer darum, aus einem naturwissenschaftlichen Verständnis heraus nach dem Göttlichen in der Welt zu forschen: Er wollte Spuren göttlichen Gestaltens finden. Leider musste er feststellen, dass er nicht einmal einen Hauch einer solchen Kraft in seinen lebenslangen und ausführlichen Erkundungen finden konnte, so dass er am Ende seines Lebens ohne einen Erkenntnisgewinn in dieser Frage der göttlichen Einflussnahme sterben werde. Nach seinen Worten tat dies sehr weh und war die größte Zumutung seines Lebens.

In der Tat kann man dies als sehr schmerzlich empfinden, da ohne Zweifel, ein gütiges Wesen, das die Geschicke auf der Erde und anderswo lenkt, mehr als hilfreich wäre. Es würde vieles leichter machen. Aber wenn selbst ein gläubiger, aufgeklärter Christ, ausgestattet mit großer Intelligenz und naturwissenschaftlicher und geisteswissenschaftlicher Bildung, sich unvoreingenommen auf die Suche nach dem Göttlichen in der realen Welt macht und nichts, aber auch gar nichts finden kann, das auf ein gestaltendes „Dahinter" verweist, dann gehört keine Boshaftigkeit dazu zu sagen: Es geht auch ohne ihn! Denn es ging schon immer ohne ihn und wir werden unser Leben wohl auch weiterhin ohne eine göttliche Aussicht weiterführen (können).

Wir sind aber auch eine große Sorge los, dass nämlich die schon oft von den verschiedensten religiösen Gruppen und zu verschiedensten Zeiten prophezeite und dann doch nicht eingetroffene Apokalypse auch weiterhin ausfallen und mit naturwissenschaftlich aufgeladener Erkenntnis wohl mit dem Untergang der Sonne in ein paar Milliarden Jahren zusammenfallen wird.

Unabhängig von diesen eher kosmischen Dimensionen gibt es anderes, das positiv ist: Wenn wir für unser Handeln ausschließlich selbst verantwortlich sind, sollten wir auch die Chance wahrnehmen, die darin steckt.

Egal, in welcher Form man sich die Welt konstruiert, ob als Christ, Atheist oder mit welcher Haltung auch immer, es besteht die gemeinsame Erkenntnis, dass das Kümmern um andere Menschen einen tiefen Wert besitzt. Es ist sinnstiftend und lebensbejahend. Man erhält etwas zurück, was Kraft geben kann, was jedoch auch mit Anstrengungen in Verbindung steht. Aber wir leben, um dazuzulernen, um besser zu werden, um es besser zu machen. Für mich bleibt weiterhin die Frage gültig: Warum benötigen wir den Umweg über einen Gott, um zum Mitmenschen zu kommen? Wir können uns doch gleich um ihn kümmern.

Ich muss gestehen, dass es mir über die Jahre, die sich für die inhaltliche Arbeit an diesem kleinen Büchlein ergeben haben, immer schwerer fällt, noch Zweifel zu haben oder sie mir zu erhalten. Seit Jahrhunderten entwickelt sich die Erkenntnisfähigkeit in eine Richtung, die Dinge, die uns umgeben, ohne einen Ursprung in einem Gott zu erklären. Das halte ich für sehr schwerwiegend.

Auch wenn sich diese Gedanken zu einer immer klarer gewordenen Überzeugung verstärkt haben, bleibt es unabdingbar, dies nicht auf Überzeugungen anderer zu übertragen und sie vielleicht sogar abzulehnen. Denn es bleibt für jeden das Recht auf Fehler (mich eingeschlossen) und selbst, wenn es mittlerweile immer augenscheinlicher ist und unleugbare Fakten gibt, die alle Überlegungen absichern, bestünde für niemanden ein Recht, jemand anderem diese Überzeugung aufzunötigen. Es gibt ein Recht auf eine andere Meinung, sofern diese nicht in das Leben anderer unangemessen hineinwirkt.

Denkt man aber nach, setzt seinen Kopf und seinen Verstand ein, würde es viele, wenn nicht sogar eine deutliche Mehrheit geben, die mehr als Zweifel an der Existenz eines großen, allmächtigen, alles bewirkenden Weltenlenkers haben. Sich dies jedoch einzugestehen ist eine ganz andere Sache, die mit großen, schmerzlichen persönlichen Konsequenzen verbunden sein kann und die Gefühle nicht befriedigt.

Nein, es ist mehr als das: Es könnte die emotionale Sicherheit erschüttern und etwas anderes müsste an seiner Stelle diese Sicherheit herstellen können. Kann man erwarten, dass ein Mensch so weit geht? Eher nicht.

Ohne dies als Ziel beim Schreiben im Kopf gehabt zu haben, hat sich über die Arbeit mit dem Buch und mit der Auseinandersetzung mit diesem bewegenden Thema eine Ruhe und Entspanntheit zu meinem eigenen Lebensende ergeben.

Weitere Details finden sich auf der Homepage zum Buch:

https://www.buch-gott-du-fehlst.info/

Teil II

Was sich sonst noch ergab

In diesem Teil finden sich alle Gedanken, die sich nicht in ein Interview formen ließen.

Die Ideen zu den Texten sind oft aus einer beiläufigen Situation im Alltag entstanden. Beim zufälligen Beobachten von Gesprächen, beim Rasieren, im Baumarkt oder an anderen „Stillen Orten".

Es ist bunt, es soll bunt sein und ich konnte trotz der Kritik, es sei ein bisschen durcheinander oder unzusammenhängend, nicht darauf verzichten. Ich hoffe, man gestattet mir die Offenheit in der Form und legt das Buch deshalb nicht zur Seite.

Zumal ich glaube, dass es noch einmal ein anderer Zugang zum Thema ist und hoffentlich anregend, in diese Richtung weiterzudenken.

Es geht um Wahrscheinlichkeiten!

1. Es soll der Satz gelten:
Man kann Gott weder beweisen,
noch kann man seine Nichtexistenz beweisen.
2. Beweisbar
und in vielen Dokumenten belegbar
– und zwar über einen langen Zeitraum –
ist aber, dass Aussagen über Gott
immer von Menschen getroffen werden.
3. An wenigen Stellen wird behauptet,
dass Gott selbst
in einer sog. Theophanie
etwas mitgeteilt hat, so
bei Mose bei der Verkündung der 10 Gebote,
aber selbst das
wird von Mose bei der Weitergabe
an sein Volk nur behauptet,
so wird gesagt.
4. Es gilt schlussfolgernd der Satz,
dass alle gläubigen Menschen
sich Gedanken zu Gottesfragen machen.
Dies geschieht sowohl mit großer Kenntnis
der heiligen Schriften,
als auch ohne Schriftkenntnis.
5. Das Ergebnis ist die völlig unüberschaubare Vielzahl der
Auslegungen und Antworten
in der Gegenwart und über die Epochen.

6. Dabei entwickeln sich in jeder Religion
wenigstens zwei große Linien:
Die eine ist rechtgläubig geprägt,
die andere liberal.
7. Ihre Auffassungen
zu folgenden Schlüsselthemen
sind in Wesen und Temperament
überwiegend konträr, so
zur Rolle der Frau in der Gesellschaft,,
zum Verhältnis von Mann und Frau,
zur Sexualität und Homosexualität,
zum Dienst an Gott,
zu Behinderung, Krankheit,
und naturwissenschaftlichen Erkenntnissen.
8. Die Kardinalfrage
an die Gläubigen
der unterschiedlichen Richtungen
in den verschiedenen Religionen

„Was will Gott?"

führt zu einer
unüberschaubaren Vielfalt
von Antworten,
die keinen wirklichen Schluss
auf den (vermeintlichen) Willen Gottes zulassen.

9. Sofern sich jemand dazu äußert,
dass Gott nur die Welt erschaffen habe,
um nun
den Menschen agieren zu lassen,
ohne selbst einzugreifen,
so ist das
erneut
nur die Aussage und Interpretation
eines Menschen!
10. Was Gott glaubt, oder was er will
äußert sich immer
aus dem Munde eines Menschen
und es ist schon sehr viel gewesen,
was er auf diese Weise wollte.
11. Die Beantwortung der Frage
„Was will Gott?"
führt nur
zu einer Selbstoffenbarung
und Selbstexploration,
die wie ein Spiegel wirkt,
der die eigenen Erwartungen und Hoffnungen
an diese Idee
zum Vorschein bringt
und damit keine Aussage
über
das vermeintliche Gegenüber beinhaltet.

12. Wie wahrscheinlich ist dann seine Existenz?

Gott sagt...

...Ich habe die Welt in 7 Tagen erschaffen – am Sonntag sollst du ruhen – die Frau sei dem Manne untertan – macht euch die Welt untertan – schützt die Schöpfung – die Erde ist eine Scheibe – die Sonne dreht sich um die Erde – die Geige ist ein Instrument des Teufels – begrabt Selbstmörder nicht auf einem christlichen Friedhof – Behinderungen sind eine göttliche Strafe – nach dem Tod kommt ihr in die Hölle – nach dem Tod kommt ihr in den Himmel – nicht getaufte Kinder kommen in den Vorhof der Hölle – Frauen tragen eine Burka – verzehre kein Fleisch von Tieren mit gespaltenem Huf – die Frau ist für das Haus zuständig – Kinobesuche sind verboten – in zu langem Haar versteckt sich der Teufel – bekreuzige dich mit drei Fingern – bekreuzige dich mit zwei Fingern – bekreuzige dich mit dem Daumen - wir schreiben wie Altgläubige das Jahr 7527 für 2019, – alle Menschen sind aus Adam und Eva entstanden – die Bibel ist das Wort Gottes – ich segne die Bombe, denn euer Krieg ist gerecht – der Mensch ist mein Abbild – wende Gottesurteile an, um die Wahrheit zu erfahren – töte meine Gegner – liebe deinen Nächsten (wie dich selbst) – übe keinen vorehelichen Geschlechtsverkehr aus – Homosexualität ist unchristlich – Pädophilie eigentlich auch – esse am Freitag Fisch – Mädchen brauchen keine Bildung – Frauen brauchen keinen Beruf – Elektrizität wurde von mir nicht erschaffen, deshalb benutze sie nicht – verwende einen Holzspan – Missernten sind ein Zeichen Gottes – probiere dich nicht in deiner Sexualität vor der Ehe aus – wer einmal verheiratet ist und vor mir das Ja-Wort gegeben hat, der soll sich nicht mehr scheiden lassen – eine zweite Ehe ist ausgeschlossen, es gibt nur einen Bund fürs Leben – und so weiter ... ∞

Das sagt alles Gott! (Oder wer?)

„Den Beistand Gottes erbeten"

So lautete die Überschrift eines Tagesspiegelartikels vom 30.6.14.

Daraus ist ein kommentierender Text in mehreren Abschnitten entstanden (Prolog mit These, Beispiele zu dieser These sowie ein Gespräch zwischen zwei Zweiflern), das sich mit der Bedeutung des Betens auseinandersetzt. Eingebunden sind auch Überlegungen zur Fußball-WM 2014.

Prolog

These: Die Chance, dass Beten hilft, entspricht der Wahrscheinlichkeit, mit der ein Ereignis sowieso eintritt: Wenn das Beten geholfen hat, ist Gott groß und allmächtig. Wenn es nicht erfolgreich war, waren die Wege Gottes unergründlich.

Da stehen auf einmal Entscheidungen an. Taten müssen folgen und Sie müssen erfolgreich sein, denn Ideen sollen verwirklicht werden und die Niederlage wäre eine Schmach. So muss man sich zwingend auf seine Stärken besinnen und sie zielgerichtet gegen andere einsetzen. Wen könnte man dabei besser einspannen, als die höchste Instanz, die sich ein Mensch vorstellen kann?

Sie wird helfen! Alle kommen zusammen und sammeln ihre Kräfte im Gebet, damit die gemeinsame Idee den Höchsten erreichen kann und er sich für die eigene Sache einsetzt. Und die Selbstvergewisserung setzt durch die gewählten Worte ein...

Beispiele

- **„Denn Gott will es!"** So rief es der Papst, bevor sich die Kreuzritter versammelten, um nach tausenden von Kilometern gegen die muslimischen Ungläubigen in Jerusalem zu kämpfen. - Ihnen standen über die vielen Jahre des Kampfes die Muslime gegenüber, die vor der Schlacht wiederum ihren Gott anriefen und sich versichern wollten, dass er - der Allmächtige - ihnen Schutz und Stärke geben werde im Kampf gegen die ungläubigen Christen, die in ihrem gottlosen Kampf auf der falschen Seite stünden und nur verlieren könnten.

- **„Wer nun den lieben Gott lässt walten und auf ihn hoffet allezeit, den wird er wunderbar erhalten in aller Not und Traurigkeit"** (Tagesspiegel, 30.6.14, S.12). So metzelten sich die Soldaten und Kriegsknechte im Dreißigjährigen Krieg gegenseitig nieder und dezimierten die Bevölkerung in manchen Landstrichen um 80 %. Katholiken und Protestanten erbaten sich von derselben göttlichen Instanz Hilfe im Sieg über die andere Seite.

- **„Wir ziehen in den Kampf für unsere Kultur – gegen die Unkultur! Für die deutsche Gesittung – gegen die Barbarei! Gott wird mit unseren gerechten Waffen sein!"** (1914 - Oberhofprediger Ernst Dryander vor dem Berliner Dom. Zit.: Tagesspiegel, 30.6.14, S.12) Auf, auf in den Ersten Weltkrieg! Mit Gottes Segen gab es das erste Massensterben in Millionenhöhe.

- **„Im Namen Gottes und mit Gottes Hilfe!"** - So standen 1945 die amerikanischen Piloten an den Flugzeugen, die schon die Atombomben für Hiroshima und Nagasaki trugen und hörten dem Militärprediger zu, der die dann folgende Aktion segnete.

Was nun?

(Ein Dialog zwischen zwei Zweiflern)

„Wo bleibt eigentlich Gott dabei?"

„Er löst sich auf und verschwindet im Nichts!"

Nein, das ist falsch. Er löst sich nicht auf. Er löst sich wahrscheinlich nie auf. Da nehmen wir lieber die Bibel und lassen die alten unpassenden Worte

unter den Tisch fallen und gucken mal an anderen Stellen in der Bibel nach, die freundlicher klingen. Vielleicht ist es besser, wenn wir uns auf die Bergpredigt beziehen und sagen, dass das treffendere Worte Gottes sind, als die im Alten Testament …

Stunden später

…Das stimmt, da hört sich alles viel freundlicher an. Ich hoffe nur, dass nicht wieder irgendeiner auf die blöde Idee kommt und die alten, gnadenlosen Worte herauskramt und für sich verwendet.

Ach, ich glaube, das ist schon passiert. Da brauchst du nur mal ein bisschen in der Welt herumgucken, dann wirst du genügend Leute finden, die das tun.

Das ist ja fürchterlich.

Ja, vielleicht, aber so war das schon immer. Es hängt doch nur davon ab, wo und wann du geboren wurdest. Also bloß eine Frage der Zeit und des Ortes, an dem du dich durch deine Geburt befindest. Dann kannst du Glück oder Pech haben.

Da kann man ja nur beten…

Meinst du? …Damit kannst du Pech haben oder Glück. Aber das haben Leute, die nicht beten auch.

Wie meinst du?

Na, die haben mal Pech und mal Glück. Ich hab mal irgendwo gelesen, dass der Erfolg beim Beten abhängt von der Wahrscheinlichkeit, mit der ein Ereignis eh eintritt.

Mhhh. Und, …soll man nicht beten?

Naja, du kannst ja mal 6 Monate nicht beten und dann tust du´s 6 Monate lang wieder. Am besten, du wiederholst alles nochmal.

Wie, dann hab ich ja zwei Jahre damit zu tun.

Ja. Wenn´s dir wichtig ist, schaffste das schon. Dann kannst du ja zur Sicherheit mal Tagebuch führen und du guckst, was so alles passiert ist. Und wenn du dann in der Zeit mehrmals so richtig beeindruckende Dinge erlebt hast, dann könnte man mal darüber reden, wie das zustande gekommen sein könnte.

Mhhh. Ganz schöner Aufwand.

Naja, glaubste oder glaubste nicht?

Mal sehen…

Wenn dein Beten geholfen hat, kannst du sagen: "Gott ist groß und allmächtig." Wenn´s nicht geholfen hat, waren „seine Wege unergründlich."

Das ist ja praktisch. Passt irgendwie immer. Ich meine, schöner ist natürlich, wenn´s klappt. Aber

auf meinen Gott bezogen ist der natürlich aus der Nummer fein raus.

Ja, ja. Klappt's, war er's, klappt's nicht, war er's auch.

Oder er war's eben nie.

Wenn Du das glaubst, biste eher Heide.

Oh. Auch nicht schön.

Wieso: „Auf der grünen Heide", hört sich doch nett an.

Du, ich dachte, wir unterhalten uns ernsthaft.

Naja, kleine Albernheit.

Sagst du. Das war politisch voll unkorrekt. – Mir fällt aber noch mal was zu unserem Thema ein.

Was denn?

Ist dir das auch aufgefallen, was die Fußballspieler bei der WM 2014 so vor schwierigen Situationen gemacht haben?

Meinst du, dass sie gebetet haben?

Ja, nicht nur, viele sind auf den Rasen gelaufen und haben sich bekreuzigt und in den Himmel geguckt. Das ging so weit, dass bei einem Elfmeterschießen einer sich sogar die ganze Zeit ganz schnell hintereinander bekreuzigt hat. Ohne Un-

terbrechung. Das sah schon fast ein bisschen verrückt aus.

Da wird der Himmel mit seinem Personal ziemlich beansprucht.

Ich dachte dabei, so eine WM ist für <u>alle</u> eine ganz schöne Stresszeit. Da ist niemand ausgenommen.

Stimmt. Das Spiel hab ich auch gesehen. Hast du dabei auch gesehen, was der Torwart vor dem Elfmeter gemacht hat?

Hatte der auch gebetet?

Ich glaub schon. Er hat still nach oben gesehen und danach auch mit den Fingern so nach oben gezeigt. Mit beiden. Der eine Spieler war Moslem, der Torwart Christ.

Was macht man nun daraus? Ob die sich da oben irgendwie ins Gehege kommen? Nimmst du den, nehm´ ich den? Oder ist das jetzt nur einer, der sich zwischen beiden entscheiden muss?

Ich weiß nicht. Ich glaube, ich bleib doch eher Heide. Das ist mir zu viel Durcheinander. Können die sich da oben denn auch bekriegen und sich nicht eins sein? Und wir merken das, wenn´s gewittert?

Nö, das geht eher nicht!

Wieso?

Weil Gott allmächtig ist – oder zumindest sein soll - So, wie man sagt.

Welcher denn? Gott oder Allah? - Oder – Jahwe?

Du kannst Fragen stellen! Zumindest hatte die israelische Mannschaft die Endrunde nicht erreicht. (Damit ist der raus.)

Soll das jetzt weiterhelfen?

Es war ein Versuch!

Ist aber nicht gelungen…

Lieber Himmel...

Was soll das jetzt?

Ist mir so rausgerutscht.

So kommen wir auch nicht weiter! Was ist denn jetzt damit, wenn so viele Sportler auf dem Feld sind und gegeneinander beten? Ist doch eigentlich eine ziemlich egoistische Nummer!

Wenn du´s so siehst. Ich hoffe mal, die beten im Guten und nicht für was Böses für die andere Mannschaft.

Hoffe ich auch. Aber wenn man dann im Spiel so sieht, wie die sich gegenseitig in die Beine fahren…bleibt da viel Platz für göttliche Eingebungen? Die leben eher das Alte Testament aus. Die Bergpredigt sehe ich da weniger.

Ich glaube, du überziehst jetzt ein bisschen. So kannst du den Fußball auch nicht in eine Ecke stellen.

…Die machen das für sich. Ganz für sich. Jeder für sich. Die wollen sich nur noch mal extrem auf sich selbst konzentrieren.

Eine Selbstversenkung?

Ja. Es geht nicht um einen Gott. Es geht auch nicht um Allah, oder um wen auch immer jetzt jemand in seiner Kinderstube kennengelernt hat.

Du hast Recht, was soll sonst auch ein Buddhist machen. Der wäre ja von vornherein im Nachteil. So ohne einen Gott. Der müsste doch alle Spiele verlieren.

Dazu sag ich jetzt nichts. - Oder doch, denn die haben die gleichen Chancen, wenn sie …

… Autogenes Training soll ja auch helfen … oder … meditieren.

Du sagst es. Also: Hilf dir selbst, dann hilfst du dir selbst!

Die Kraft steckt in dir. Auch Heiden haben eine Chance.

Dann sind ja die Möglichkeiten wieder gleich verteilt.

Und das ist auch gut so.

Obwohl, waren denn buddhistische Mannschaften erfolgreich?

Ich glaube nicht.

Vielleicht doch besser an Gott zu glauben? Man weiß ja eben nie…

Jetzt hör aber auf. Das ist ja ein Rückfall in alte Zeiten. Teamgeist und gute Vorbereitung sind entscheidend. Die WM ist unten entschieden worden und nicht oben. Auch wenn jemand für sich das glauben mag. Und jetzt lass uns endlich was Essen gehen, ich hab so langsam Hunger.

Wetten um Gott (Blaise Pascal)

Haben Sie schon einmal etwas von einer religiösen Wette gehört?

Wetten auf Pferde oder Hunde? Na, klar! Wetten auf Fußballergebnisse? Natürlich! Ich hatte aber nicht geglaubt, dass es in einer Religion so etwas geben könnte. Gibt es aber! Man könnte meinen, dass eine Wette auf Gott eine etwas „spinnerte" Idee sei, die von englischen Buchmachern angeboten wird, die sowieso auf alles wetten.

Das stimmt aber nicht! Denn sowohl derjenige, der sich das ausgedacht hat, als auch diejenigen, die sich nach dieser „Wette" verhalten, sind hoch gebildete Leute und können auch medienbekannte und angesehene Personen der Gegenwart sein.

Ausgedacht hat sich diese Wette vor rund 400 Jahren ein französischer Gelehrter. Er hieß Blaise Pascal und beschäftigte sich nicht nur mit solchen philosophischen oder religiösen Fragen, sondern auch mit Fragen der Physik.

Eigentlich kann man es nicht wirklich eine Wette nennen. Denn eine Wette hat immer ein Ergebnis. Man weiß, ob man aufs richtige Pferd gesetzt hat oder nicht, ob man gewonnen hat und am Wettschalter seinen Gewinn abholen kann oder nicht. Die berühmt gewordene sog. Pascalsche Wette ist also genau genommen nur eine Abwägung von möglichen Ergebnissen, ein Gedankenspiel, bei dem man aber nie eine Klärung erfahren kann.

Seine Wette besagt sinngemäß: Wenn man sich die Frage stellt, ob es einen Gott gibt oder ob es keinen Gott gibt, dann sollte man eher darauf wetten, dass es einen gibt, denn dann ist man auf der sicheren Seite. Denn sollte es keinen geben, so hat man nichts verloren oder falsch gemacht. Gibt es jedoch einen Gott und man hat sich so verhalten, als wenn es keinen gibt, dann bekommt man im Leben danach die unangenehme und in alle Ewigkeit wirkende Quittung dafür.

Bei den meisten gläubigen Moslems stellt sich die Frage wohl nicht, da die Überlegung an sich schon eine Gotteslästerung darstellt. Zumindest für die Strenggläubigen. Bei Christen und Juden gibt es schon einmal Äußerungen dazu. So ergab sich in einer Sendung über die sehr gläubige Katholikin Fürstin Gloria von Thurn und Taxis die Frage, warum sie so einen konservativen Frauenkreis ins Leben gerufen habe, obwohl doch ihr sonstiger Lebenswandel und auch ihre sehr liberalen Ansichten z.B. zur Homosexualität in eine ganz andere Richtung zeigen würden! Ihre Antwort lautete, dass man ja nicht wisse, was in einem späteren Leben auf einen zukomme und da wolle sie schon sicher und auf der richtigen Seite stehen.

Ob sie die Pascalsche Wette kennt, weiß ich nicht. Aber das sind genau die Schlussfolgerungen aus dieser religiösen Abwägung Pascals.

Im September 2017 gab es ein Interview mit einem jüdisch-deutschen Historiker, Michael Wolffsohn. Vom intellektuellen Temperament ein Querdenker, der mit seinen Überlegungen zu Themen auch anecken kann. Auf die Frage, ob er an Gott glaube, antwortet er sehr nah an der Linie von Pascal, dass er hoffe, es gibt einen, und dass man mit Sicherheit richtig lebt, wenn man davon ausgehe, dass es einen Gott gibt.

Was macht man nun selbst mit dieser Wette? Es lohnt sich, die Wikipedia-Seite dazu aufzurufen, da dort die vielen Fassetten zu diesem berühmten Gedankenspiel diskutiert werden und die scheinbare Zwickmühle, sich nur zwischen zwei Optionen entscheiden zu können, aufgelöst wird.

Wenn ein Mensch nicht an Gott glauben kann oder will (Gründe dafür gibt es ja mehr als genug), so wird sein Verhalten dadurch nicht amoralisch oder unethisch, obwohl das manche glauben machen wollen!

Die Goldene Regel[5] verbindet nicht nur die Religionen in einem positiven Sinne miteinander, sondern sie gilt im gleichen Maße auch für gottlose Menschen, da wir alle mit der Fähigkeit zur Empathie, also zum Mitempfinden ausgestattet wurden (...durch die Natur natürlich!) Dies geschieht in einer entsprechenden Situation aus dem Moment heraus, aus dem Augenblick, und bedarf nicht der Sorge um mein vermeintliches Seelenheil. - Um in einem religiösen Bild zu bleiben.

Der knappe und vielleicht etwas platt wirkende Slogan: Gutes tun tut gut! Hat nichts mit Religion zu tun. Wer bereit ist, anderen zu helfen, der wird daran wachsen. Nichts Göttliches ist dazu nötig. Pascals Wette ist sicher interessant und man redet mal drüber, aber danach kann man sie wohl ruhig zur Seite legen und einfach ein ehrliches Leben leben. Ohne Sorge um eine mögliche Strafe beim Eintritt in die himmlische Ewigkeit.

Vielleicht noch etwas ganz zum Schluss: Für Gläubige bleiben auch weiterhin noch andere harte Nüsse zu knacken, da niemand irgendetwas über Gottes wirklichen Willen weiß: Kein Gläubiger kann wiederlegen, wenn unter der Vielzahl der religiösen Handlungsanweisungen für ein gottgewolltes Leben nun ausgerechnet die 613 Regeln der ultraorthodoxen Juden das sind, was Gott als einziges gelten lassen kann, um vor ihm bestehen zu können! Dann war alles andere nicht ausreichend! Oder?

Es ist ein Kreuz!⁶

Wir haben zehn Finger, an jeder Hand fünf.

Wir zeigen mit ihnen in die Luft, um auf etwas Wichtiges hinzuweisen. Wir heben anerkennend den Daumen oder spielen mit ihnen „Take five", um uns wohlwollend abzuklatschen. Wir legen damit Grundlagen des logischen Denkens, indem wir kleine Mengen, wie 3 Finger, mit Zahlensymbolen verknüpfen und begreifen können, dass man sechs Finger aufteilen kann in 5 + 1. Das ist alles großartig und wird niemanden beunruhigen.

Doch dann beginnen sich einige Bauchschmerzen breit zu machen, weil Politisches oder Religiöses damit verbunden wird und damit nicht nur ein Gedanke ausgedrückt werden soll, sondern ganze Gedankensysteme, ganze Weltanschauungen dahinter stehen, denn mit anderen Fingervarianten versuchen sich unterschiedliche politische Richtungen als Gruppe erkennen zu geben und von anderen abzugrenzen. Die Geschichte des 20. Jahrhunderts wurde von diesen Ideensystemen vollständig bestimmt.

Diese Dinge sind Allgemeingut.

Während der Beschäftigung mit diesem Buch stieß ich aber auf einen Artikel in einer Tageszeitung, der hier auch verwendet wurde, wo es um die Geschichte einer sog. Altgläubigen in Russland ging. In einem fast beiläufigen Satz wurde in der Geschichte erwähnt, dass diese Menschen vor einigen hundert Jahren verfolgt wurden, da sie bestimmte Veränderungen in der Auslegung des Glaubens durch die offizielle Kirche in Russland nicht mittragen wollten.

Für einen Atheisten - und vermutlich nicht nur für ihn - bekommt diese Episode aus der Welt des Glauben-Wollens etwas Unheimliches und auch Wahnwitziges. Bei allem Respekt gegenüber vielen guten Gedanken aus diesem überirdischen Kosmos, aber an diesem Punkt steht man nur noch kopfschüttelnd da und wird ratlos.

Warum?

Alles fing in den urchristlichen Gemeinden mit einem Finger als Kreuzzeichen an. Es sollte wohl für den einen Gott stehen. Daraus entwickelte sich einige hundert Jahre später das Bekreuzigen mit zwei Fingern: War es vormals nur der Daumen oder der Zeigefinger, setzte sich nun als religiöse Geste ein großes Kreuz von der Stirn bis zur Brust durch, das man mit Zeige- und Mittelfinger darstellte, was wohl die gleichzeitige irdische und überirdische Natur Jesu, als göttlichem und gleichzeitig menschlichem Wesen darstellen sollte. Dann kam das Jahr 1652, in dem der russische Patriarch Nikon grundlegende Reformen in der russisch-orthodoxen Kirche durchsetzte. Er begründete dies mit Abweichungen der damals gebräuchlichen Riten von den griechischen Urtexten und verlangte auch, das bisher verwendete Bekreuzigen mit zwei Fingern abzuändern in ein Bekreuzigen mit drei Fingern, wobei Daumen, Mittel- und Zeigefinger sich ausgestreckt berühren und die beiden übrigen aber an die Hand anzulegen seien. Die Dreiergruppe steht dabei für die Dreifaltigkeit mit Gottvater, Sohn und Heiliger Geist, die Zweiergruppe für den oben schon genannten Doppelcharakter Jesu als irdisch und himmlisch zugleich.

Dies alles führte zum Aufruhr in Teilen der russisch-orthodoxen Kirche. In einem katholischen Fachtext über das Bekreuzigen und seine unterschiedlichen Auslegungen steht lapidar zu diesem Vorgang, dass es zu dieser Zeit zu einer Spaltung der Kirche kam. Der sachlich gehaltene Text verschwieg alles, was damit tatsächlich verbunden war und verharmloste die Auswirkungen der christlichen Symbolik auf die geschichtlichen Abläufe dieser Abspaltung. Denn es begann durch die überbordende Bedeutungshaftigkeit der fünf Finger eine Verfolgungsjagd, der zehntausende bis ins 18. Jahrhundert zum Opfer fielen. Die menschlichen Hässlichkeiten, die dabei zutage traten, sollen hier nicht behandelt werden [7]...Den Überlebenden wurden darüber hinaus bis ins 20. Jahrhundert grundlegende Bürgerrechte aberkannt.

Was war nun aus den Fingern der Hand geworden: Der Daumen war kein Daumen mehr, der Finger kein Finger! Religiöse Ideen und Fantasien verwandelten die klar erkennbaren Umrisse einer Hand in übermächtige und gewaltige Symbole hinter denen sich Menschen versammelten, um gegen andere Symbolgläubige ihre Macht durchzusetzen.

Und am Ende? Was blieb zum Schluss von alldem?

Zum Schluss stellte eine mit Wissenschaftlern besetzte Kommission im 19. Jhd. fest, dass die Proteste der Altgläubigen berechtigt waren, denn sie wurden in ihrer religiösen Auffassung bestätigt.

Dabei haben wir nur zehn Finger, an jeder Hand fünf.

Und wenn Menschen nun unbedingt an einen Gott glauben müssen, dann mit aller Zurückhaltung.

Aber es bleibt sicherlich ein Kreuz.

Schulmedizin und Religion?

Auf den ersten Blick scheint es gegensätzlicher nicht sein zu können: Hier, die an Fakten, Forschung und Erfahrung orientierte Medizin. Dort, ein eher zweifelloses Glaubenssystem, bei dem am Ende immer schon das Ergebnis feststeht, ohne jemals dafür einen wirklichen Beweis hervorgebracht zu haben!

Kann da denn irgendetwas zusammenpassen?

Ja, vielleicht schon!

Vielleicht fällt einem dazu auf spiritueller Seite das Schamanentum ein? In Russland soll das wieder im Kommen sein. Studierte Leute widmen sich den Ritualen aus alter Zeit, legen gespenstische Masken an oder bemalen sich, sprechen undefinierbare Laute, die aus einer anderen Welt stammen könnten, und gestikulieren in alle Himmelsrichtungen, um die unsichtbaren Kräfte der Natur in Einklang zu bringen mit dem Wissen der Ahnen um damit heilende Wirkungen zu erzielen.

Hokuspokus auf höchstem Niveau, sofern man am Ganzen keinen Zweifel verspürt.

Wenn ein Mensch nicht gerade einen Tumor im Kopf hat, kann davon aber durchaus eine heilende Wirkung ausgehen.

An dieser Stelle passt ein Begriff, der ein Bindeglied zwischen reinem Glauben und forschender Rationalität sein kann: Das Placebo oder der Placebo-Effekt. Nach der Definition des Dudens: (Ein) „Medikament, das einem echten Medikament in Aussehen und Geschmack gleicht, ohne dessen Wirkstoffe zu enthalten." Mittlerweile kann diese Erklärung ergänzt werden durch den Hinweis, dass z.B. auch nur angetäuschte Operationen in diesen Zusammenhang gehören.

Wenn ein Berg auf den Glauben trifft, dann kann er versetzt werden -im übertragenen Sinne! Kräfte werden frei, die vorher nicht vorhanden gewesen zu sein scheinen.

Übernatürlich? Mystisch?

Nein, sehr diesseitig und psychologisch begründbar.

Seit den 50er Jahren wird von diesem Phänomen in wissenschaftlichen Veröffentlichungen berichtet und es ist überraschend, bei welchen gesundheitlichen Problemen der Effekt wirksam sein kann.

Einige Beispiele

Kopfschmerzen, Rückenschmerzen, Schulterschmerzen, Knieschmerzen, , Angina Pectoris, Herzgefäßerkrankungen, Morbus Crohn (eine Darmkrankheit)

Dazu etwas Interessantes aus einer Studie!

2017 wurde eine Studie über die Wirkung eines vermeintlichen Schmerzmittels veröffentlicht, bei der drei Versuchsgruppen gebildet wurden (Untersuchung der Universität Basel und der Harvard Medical School – aus Spiegel online v. 1.10.17):

Der *ersten Gruppe* wurde mitgeteilt, dass sie ein Schmerzmittel mit dem Wirkstoff Lidocain erhalten, was jedoch ein Placebo war.

Bei der *zweiten* stand auf dem Schmerzmittel explizit „Placebo".

Es wurde dazu aber eine umfängliche Information zur positiven Wirkungsweise von Placebos gegeben.

Der *dritten Gruppe* wurde zur Behandlung - wie der zweiten Gruppe - eine Creme mit der Aufschrift „Placebo" verabreicht, jedoch gab es dazu keine Erklärungen. Und was kam dabei heraus?

Sowohl in der ersten, als auch in der zweiten Gruppe empfanden die Probanden eine merkliche Schmerzlinderung. In der dritten gab es keinen Effekt.

Neu bei dem Versuch war also die Erkenntnis, dass sogar die Offenlegung der Täuschung eine heilende Wirkung zeigte.

Moment mal!

Kann man diese Erkenntnisse nicht um Glaubensaspekte erweitern?

Hat die Schulmedizin damit nicht einen religiösen Effekt erklärt: Auch wenn etwas nicht existiert, kann eine Wirkung erzielt werden!

Gott muss nicht existieren, man muss nur von seinen Fähigkeiten überzeugend reden.

Das Reden kann dieselben Auswirkungen wie ein Placebo besitzen!

Gott also als Placebo!

Oder ist das nur eine Überinterpretation?

**Die eigene Meinung
ist doch immer die beste!**

oder

Jeder glaubt, was er denkt!

Würde irgendjemand diesen Sätzen widersprechen wollen? Ich nicht!

Sie vermitteln Gewissheit. Zumindest ein wenig. Denn sie können eine Übereinstimmung mit sich selbst, seinem Innersten herstellen: Ja, ich habe eine Meinung und finde sie richtig und gut. Das beruhigt auch und stärkt das eigene Temperament.

Ist da noch Platz für Zweifel? Warum, wenn alles klar ist!

Tja, ist denn alles klar? Muss man nicht sehr oft etwas glauben, weil man nicht wirklich alles weiß? Dann läuft die eigene Meinung eher darauf hinaus, dass man *glaubt,* etwas zu wissen. Und trotzdem richtet man sein Verhalten daran aus. Das kann mitunter fatal sein!

Dazu gibt es einige interessante Beispiele: So gibt es die beeindruckende Geschichte eines Mannes, der auf einer Straße läuft und Menschen dabei beobachtet, wie sie mit sich selbst reden. Das stört sonst niemanden, außer diesen Mann, der beim Beobachten dieser Menschen die Überzeugung gewinnt, alle würden über ihn (schlecht) reden, obwohl er den Inhalt der Worte gar nicht verstehen kann.

Aufgrund einer psychischen Störung kann er die Situation jedoch nicht auf sich beruhen lassen und einfach weiter seiner Wege gehen, sondern bringt mehrere Menschen aus diesem Grund um.

Der Mann glaubte also zweifelsfrei zu wissen, was der Grund für die Mundbewegungen der Vorbeigehenden war und verhielt sich nach diesem falschen Glauben. Seine Deutung der Situation führte so zu einem konkreten Verhalten, obwohl sie eindeutig auf falschen Voraussetzungen beruhte und nicht der Realität entsprach.

Fragen kann manchmal helfen.

Ein anderes Beispiel: Der berühmte sog. Schwarze Freitag im Jahr 1929, mit dem die Weltwirtschaftskrise begann, fand seinen Auslöser in der Nachricht, dass bald das Geld auf der Bank nichts mehr wert sein werde und man es schleunigst abheben müsse, um es vor dem Wertverfall zu bewahren. Dadurch wurden die Banken zahlungsunfähig und die Krise brach in vollem Umfang aus.

Heute weiß man, hätten alle ihr Geld auf der Bank belassen, wäre der Wertverlust innerhalb der nächsten fünf Jahre wieder ausgeglichen gewesen und die katastrophalen Auswirkungen wären gar nicht erst eingetreten.

So haben sich unzählige Menschen von der falschen Meinung einzelner leiten lassen und haben dadurch erst den Effekt verursacht, den sie vermeiden wollten. Erst ihr Handeln verhalf einer irrigen Prophezeiung zur Verwirklichung. Auf dieser Grundlage lassen sich z.B. auch Massenphänomene wie Pogrome gegenüber Minderheiten verständlich machen.

Dieses Verhalten, dass ein Mensch oder ganze Menschengruppen das reale Tun ausrichten an falschen, irrealen Überlegungen, ist zum ersten Mal 1928 von dem Soziologen Ehepaar Dorothy und William Thomas beschrieben worden. Es fand Eingang in die Wissenschaft und ist bis in die Gegenwart ein anerkannter Lehrsatz in der Sozialpsychologie, das Thomas-Theorem.

Und was ist nun mit dem Glauben? Lassen sich Parallelen zu den Religionen herstellen? Je nach Glaubensrichtung (Christlich, Jüdisch, usw.) und Glaubensauslegung (z.B. liberal, evangelikal, orthodox) innerhalb der Religionen werden mehr Zweifel zugelassen und dürfen kritische Fragen gestellt werden oder eben weniger. Die Überzeugungskraft einer religiösen Ausrichtung und das Handeln der Gläubigen danach, wird wesentlich von den vermittelnden Menschen bestimmt: Dem Pfarrer, dem Priester, dem Religionslehrer, dem Rabbi oder dem Imam. Das aus der Überzeugungskraft der Autoritäten übernommene Verhalten ist völlig unabhängig von einem bestehenden oder nicht bestehenden höheren Wesen, da es ja von Religion zu Religion und Glaubensausrichtung innerhalb der Religion wechselt und das Angebetete durchaus über die Jahrhunderte unterschiedliche Charakterzüge aufweisen kann: So wurde ein Gott in früherer Zeit überwiegend als ein „strafender Gott" verstanden, hingegen heute eher als „liebender Gott". Wie kann man diese „Charakterveränderung" verstehen? War er zu damaliger Zeit „nicht so gut drauf", um es etwas umgangssprachlich auszudrücken? Geht es ihm heute besser? Wird es dauerhaft so bleiben, oder muss man von einem eher labilen Temperament ausgehen, weswegen er unter Umständen in alte Verhaltensmuster zurückfallen könnte? Die Entscheidung darüber liegt im Wesentlichen bei den Menschen, die in diesem Bereich Verantwortung tragen.

Das Thomas-Theorem hat also sehr große Bedeutung in allen Religionen und lässt immer wieder einen Satz im Kopf eines – gläubigen - Atheisten entstehen: Wenn schon ein Gott, dann bitte mit aller Zurückhaltung!

Selbstverständlicher Weise sollte diese Zurückhaltung in allen Lebensbereichen eine Rolle spielen, so wie es die schon am Anfang dieser Darstellung verwendeten Beispiele nahelegen.

An vielen Stellen des Buches finden sich dazu Beispiele:

Gott als Idee – 42

Weg zur Wahrheit – 45

Glauben-Wissen-Tod – 83

Schulmedizin und Religion – 216

Sokratische Überlegungen – 226

Gott ist alles – 228

Ich glaube! – 230

Ungläubige Semantik - 231

Gedichte und Gedankenschnipsel

Blasphemie

gibt es nicht!

(Ist das schon Blasphemie?)

Leider...

Gewalt ist Teil des Religiösen

Bitte mit Vorsicht!

Wenn man schon

an einen Gott glauben muss,

dann bitte mit Vorsicht...

...mit ganz, ganz viel Vorsicht!

Sokratische Überlegungen

Die Einen

haben die Freiheit zu sagen:

„Ich weiß, dass ich nicht weiß!

Die Anderen

müssen alles glauben, was Sie nicht wissen!

Nahrung finden

Was macht der Specht am Stamm des Baumes

Was macht die Spinn am Rand des Raumes

Sie warten bei des Zufalls Wille

Dass bald ein Tier den Hunger stille

die meiste Zeit sind wir nicht

Gott ist alles!

Wenn Du glaubst, Gott ist freundlich
dann ist Gott freundlich!
Wenn Du glaubst, Gott verzeiht,
dann verzeiht Gott!
Wenn Du glaubst, Gott ist groß,
dann ist Gott groß!
Wenn Du glaubst, Gott ist rachsüchtig,
dann ist Gott rachsüchtig!
Wenn Du glaubst, Gott bestraft Dich,
dann ist Gott ein strafender!
Wenn Du glaubst, Gott ist auf Deiner Seite,
dann ist Gott für Dich!
Wenn Du glaubst, Gott hat Dich verlassen,
dann bist Du verlassen!
Wenn Du glaubst, Gott straft Deine Gegner,
dann straft er die Gegner!
Wenn Du glaubst, Gott kämpft für Deine Sache,
dann kämpft Gott auf Deiner Seite!
Wenn Du glaubst, Gott steht zu Dir,
dann steht er zu Dir!
Wenn Du glaubst, Gott erhört Deine Gebete,
dann erhört er Deine Gebete!

Und der Himmel weint nicht

Gottgleich und von Gottes Gnaden
waren die Pharaonen
die Kaiser und Könige
die Herrscher der Welt
damit ihnen keiner Fragen stellt.
Und heute…?
Steht an der Spitze des Staates
ein evangelischer Pfarrer
geschieden
(oder doch noch nicht)
mit einer neuen Frau
in wilder Ehe lebend…
Und der Himmel scheint friedlich
mal blau und mal grau
und keine Macht stört sich!
Na, Alaaf und Helau!

Ich glaube!

Ich glaube…
Dass dies ein schöner Tag wird
Und siehe, der Tage wurde schön!
Ich glaube…
Dass meine Arbeit erfolgreich sein wird
Und siehe, sie wurde erfolgreich!
Ich glaube…
Dass ich zu diesem Menschen Vertrauen haben kann
Und siehe, ich konnte ihm vertrauen!
Ich glaube…
Dass es ein schöner Tag wird
Und siehe, er wurde nicht so schön, wie ich glaubte!
Ich glaube…
Dass meine Arbeit erfolgreich sein wird
Und siehe, sie wurde es nicht!
Ich glaube…
Dass ich zu diesem Menschen Vertrauen haben kann
Und siehe, ich hatte mich getäuscht!

Ich glaube…
An ein Leben nach meinem irdischen
Und siehe…?
Ich glaube…
An einen allmächtigen Gott
Und siehe…?

Ungläubige Semantik

Gläubige können per Definition nur unwissend sein,
denn das Verb glauben erhält seine semantische Bedeutung
- ja sogar seine einzige Berechtigung –
nur dadurch,
dass es etwas benennen kann,
was nicht gewusst wird,
was zwar die Möglichkeit beinhaltet,
dass etwas so sein kann,
aber eben nicht sein muss
und sogar ausdrücken kann,
dass nicht auszuschließen ist,
dass es u. U. ganz anders
- und zwar entgegengesetzt –
sein kann.
Es ist aber ausgeschlossen,
darüber Gewissheiten benennen zu können!
So, kann die Kirche
keine
der existenziellen Fragen
beantworten:
Wo komme ich her?
Wo gehe ich hin?
Was ist der Sinn des Lebens?

Vaterunser (ökumenische Fassung)

Ökumenische Übersetzung:
Arbeitsgemeinschaft für liturgische Texte (1970)

Vater unser im Himmel!
Geheiligt werde dein Name.
Dein Reich komme.
Dein Wille geschehe, wie im Himmel, so auf Erden.

Unser tägliches Brot gib uns heute.
Und vergib uns unsere Schuld,
wie auch wir vergeben unseren Schuldigern.

Und führe uns nicht in Versuchung, sondern erlöse
uns von dem Bösen.

Denn dein ist das Reich und die Kraft
und die Herrlichkeit in Ewigkeit.
Amen.

Ein weltliches „Vaterunser"

atheistische Übersetzung (2012)

An alle Menschen der Welt!

Geachtet sei das Leben.
Dies geschehe hier
wie überall.

Verteilt Nahrung und Güter gerecht.
Versucht dies gut zu tun
und Fehler zu meiden
oder aus ihnen zu lernen.

Kommt es zum Streit
so achtet euer Gegenüber und
versucht ihn trotzdem zu verstehn.

Lasst Neid nicht zu,
sondern Freude und Respekt
am Können anderer.

Die Welt braucht
starke Menschen
in Verantwortung und Freiheit.

So sollt´ es sein!

Assoziation

Moslems
erscheinen mir
-manchmal-
wie
verschärfte Katholiken

Zitat

„Der Islam ist die einzig wahre Religion!"

Antwort:
Wir wissen
dass ihr das glaubt
das macht unsere Sorgen aus.

Gott

Gott

Gebildet

Aus der Not

Nicht zu verstehen

Aber ein Bild bekommen zu wollen

Gott

Gebildet

Aus dem Wunsch

Ein Gegenüber zu haben

Um sich in sich auseinander-setzen zu können

Und

Doch

In jeder Phase

Des Denkens und Fühlens

Nur ein Dialog mit sich selbst

Die Seele - 1

ist eine innere wahrnehmbare Instanz,

die sich aus Erfahrungen des Erlebten

und den genetischen Vorgaben konstituiert

und vermutlich durch biochemische Prozesse

des Körpers materialisiert.

Die einzelnen bio-chemischen Prozesse

erlangen eine Übersummativität,

sind also mehr,

als die Summe ihrer Einzelteile,

und können daher

nach dem Tode

nicht mehr nachgewiesen werden,

da die sie konstituierenden Prozesse

nicht mehr existieren.

Die Seele - 2

der Zustand

die Verfasstheit

die Färbung

der Seele

ist die Grundlage

auf der man

mit sich

und

anderen

diskutiert und agiert

Bedachte Konstruktion

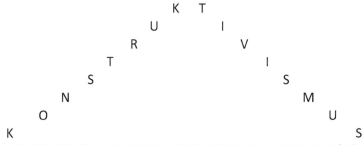

DER WaHRE GLAUBE IST DER KATHOLISCHE DER WAHRE GLAUbE?
DER WAHRE GLAUBE IsT DER ORTHODOXE DER WAHRE GLAuBE?
DER WAHrE GLAUBE IST DER EVANGELIKALE DER WAHRE GLAUBE?
DER WAHRE GLAUBE IST DER ISLAMISCHE dER WAHRE GLAUBE?

Am Ende zählt nur die Überzeugung

Was wurde den Menschen, die weder glauben können noch wollen, nicht schon alles angedichtet: Sie hätten keine Moral, wären ein Nichts, da sie an nichts glaubten oder hätten eine „Heidenangst" vor dem Tod.

Wenn man den Veröffentlichungen von Spiegel online oder der Stuttgarter Zeitung glauben darf, gibt es seit 2017 interessante Neuigkeiten für Heiden und Nicht-Heiden! Denn zumindest zum letzten Punkt der Aufzählung, also der Heidenangst vor dem Tod, gibt es Hoffnung und Trost für die Gemeinschaft der Agnostiker und Atheisten.

In einer groß angelegten Metastudie wertete eine Forschungsgruppe in Großbritannien 100 Befragungen zum Thema Tod und dem Verhältnis der Menschen dazu aus.

Die Ergebnisse der Studie erhalten ihre Bedeutsamkeit durch die weltweite Sichtung von Untersuchungen und dem enorm langen Zeitraum, den sie bei der Begutachtung berücksichtigt haben.

Es wurden die Äußerungen von 26.000 Befragten zwischen 1961 und 2014 ausgewertet.

Sie umfassen damit einen Zeitraum von über Fünfzig Jahren.

Wie kann man nun die Haltungen der beiden Gruppen beschreiben?

Angst, Sorgen und Unsicherheiten zum Ende des eigenen Lebens gibt es in beiden. Eine religiöse Haltung allein macht jedoch nicht immun gegen dieses eher belastende Thema. Man muss schon sehr überzeugt sein von dem, was man glaubt: Zweifel an der eigenen Haltung helfen in dieser Frage nicht weiter!

Da es aber um die Stärke der eigenen inneren Verfassung geht, und nicht um göttliche Referenzen oder Einflussnahmen, die „Credits" für Sorgenfreiheit an diejenigen verteilen, die quasi auserwählt sind, besteht bei Nichtgläubigen ebenso die Chance auf ein akzeptierendes Verhältnis zum Tod.

Was bleibt, sind die inneren Möglichkeiten und der Wille eines jeden Menschen.

Ein Gläubiger kann keinen Gott für seine fehlende Angst vor dem Tod ins Feld führen, da allein der Grad der inneren Überzeugung die Kraft für die Gleichmut vor dem Tod bewirkt. Ein Atheist kann das somit auf dieser wissenschaftlich abgesicherten Grundlage ebenso.

Im maßgeblichen Streit um die Frage: Gibt es einen Gott oder gibt es keinen? Darf man, so glaube ich, zumindest einen „Punktsieg" der ungläubigen und zweifelnden Seite zugestehen.

Ein gläubiger Mensch hat die Aufgabe, Belege dafür anführen zu können, die die Existenz Gottes von der Nichtexistenz unterscheiden.

Bis zu dieser Studie war es ein äußerst überzeugendes Argument, wenn jemand seinen starken Gottglauben für die Bewältigung dieses Problems anführen konnte. Es war schwer, etwas ähnlich Überzeugendes dagegen anführen zu können.

Doch jetzt erscheint es möglich, überzeugend eher für die Nichtexistenz argumentieren zu können, da eine außerirdische Macht nicht herangezogen werden muss, um in diesem stark religiös besetzten Thema eine Antwort geben zu können und es in gewisser Weise – darf man das so sagen – vielleicht zu lösen.

Obwohl auch hier Glaube durch Wissen ersetzt werden konnte, bleibt es eine höchst persönliche und oft lebenslange Aufgabe, ein akzeptierendes Verhältnis zur Endlichkeit zu finden.

Und es bleibt ebenso eine der Zumutungen des Lebens, mit denen man sich „herumschlagen" muss.

Essenz

1. Gott ist für niemanden beweisbar: weder seine Existenz, noch seine Nicht-Existenz.

2. Es ist jedoch ein schwerwiegender Einwand, dass es nicht möglich ist etwas zu beweisen, was nicht existiert. Auch dann bleibt dieser Einwand bestehen, wenn man berücksichtigen muss, dass die Wahrnehmung des Menschen begrenzt ist.

3. Weiterhin muss es mehr als irritieren, wenn ein Wesen als allmächtig, allwissend und als sich selbst erzeugt habend charakterisiert wird, es sich aber nie zeigt und alles mit sich machen lässt. (Damit sind die Gläubigen aller Glaubensrichtungen und jedweder monotheistischen Richtung gemeint, keine Nichtgläubigen)

4. Gott, Jahwe, Allah, Re, Zeus, Jupiter, Odin, Mitras, Izanami und Izanagi beinhalten jeder für sich einen ausschließenden Absolutheitsanspruch. Alleine durch die bloße Aufzählung und die teils zeitliche Begrenztheit in der Bedeutung kann man jedoch ihre Vergänglichkeit und Relativität erkennen.

5. Die Bibel, als das Wort Gottes – unabhängig davon, ob es als das direkte Wort Gottes

oder als durch Menschhand aufgeschrieben gilt – ist durch die sich über die Jahrhunderte angesammelten und festgestellten Widersprüche - im Inhalt und in der Form - als rein menschliches Werk zu verstehen, mit dem bis heute weltliche Interessen befriedigt werden.

6. Die Mutmaßungen über den göttlichen Ursprung weltlicher Phänomene konnten über die Jahrhunderte mehr und mehr durch naturwissenschaftliche Erkenntnisse ersetzt werden. Die Fähigkeit es Menschen, natürliche Ursache-Wirkung-Erklärungen zu finden, erhöhte sich über die Zeiten. Übernatürliche Erklärungsversuche werden auf lange Sicht keinen Bestand haben (z.B. Sachbuch: Wie das Gehirn die Seele macht).

7. Bei der Begründung über die wahrscheinliche Ursache eines Phänomens, ob sie z.B. natürlichen oder übernatürlichen Ursprungs ist, ist diejenige vorzuziehen, die mit weniger Voraussetzungen und Vorerklärungen für die Schlussfolgerungen auskommt (Okhams Rasiermesser). Jeder Versuch, einen Gott für irdische Dinge als Grund und Ursache zu installieren, ist damit ausschließbar.

8. Die tausendfachen Varianten religiös-spirituellen Glaubens mit ihren vielen Gemein-

samkeiten und genau so vielen gegenseitigen Ausschließlichkeiten lassen eher den Schluss zu, dass sie Konstruktionen des menschlichen Gehirns sind, als dass sie Ergebnis tatsächlich existierender überirdischer Geschehnisse sind.

9. Religionen bewirken über die Zeiten gesehen für ihre Gläubigen keine Win-Win-Situationen, sondern agieren im Rahmen von Null-Summen-Spielen.

10. Gottlos zu leben ist möglich, denn wir leben so schon immer. Unsere helfenden und uns auch schützenden Begleiter sind dabei die Wissenschaften, die Künste, unsere Fähigkeit in sozialen Bezügen denken und empfinden zu können, unsere Fähigkeit zur Selbstreflexion und unsere unermessliche, Grenzen überschreitende Fantasie, die so beschaffen ist, dass sie sich Dinge vorstellen kann, die es gar nicht gibt.

Demokratie-Index

Status einer Religion im Verhältnis
zu Demokratie, Freiheit und Toleranz
(ein Klärungsversuch)

Erläuterungen: Die Idee des Demokratie-Index liegt darin, keine moralischen Maßstäbe wie gut oder böse zur Beurteilung von Religionen heranzuziehen, sondern sie an weltlichen, d.h. weltanschaulichen Kriterien zu messen.

Damit verbunden ist ein bestimmtes Menschenbild.

Es soll möglich sein, Bewertungen wie, das ist rechtes oder linkes Gedankengut, das ist islamfeindlich oder nicht, das ist antisemitisch oder nicht, außen vor zu lassen und sich an objektiveren Maßstäben zu orientieren. Jedoch soll auf dieser Grundlage sehr wohl eine Bewertung möglich sein. Zumindest ist das ein Versuch in diese Richtung!

Im Folgenden noch einmal eine knappe Zusammenfassung der Bewertungsgrundlagen, die ausführlich im Interview gegeben wurden und ab Seite 165 f. nachlesbar sind.

Die von mir verwendeten Religionsausrichtungen sind Beispiele mit meiner persönlichen Wertung, um eine größere Anschaulichkeit zu ermöglichen und können durch andere interessierende Religionen in z.B. deren liberaler oder orthodoxer Richtung ersetzt werden.

Die Bedeutung der Bereiche mit ihren jeweiligen Kriterien wurde aufgrund ihrer unterschiedlichen Bedeutung durch Gewichtungen (Faktor) differenziert.

- **Persönliche Vorschriften** wurden nur einfach gewichtet, Angaben mit
- **gesellschaftlicher Relevanz** wurden verdoppelt gewertet und die Eingabe zur Bewertung der
- **Stellung der Frau** gegenüber dem Mann wurde aufgrund der hohen Bedeutung auch im gesellschaftlichen Rahmen mit dem Faktor 4 versehen.

Beispiel 1 (Beispiel 2 Seite 251)

| Religion: | Christentum | Richtung: | | evangelisch |

Bereiche	Kriterien	Eingabe (2,1,0)	Faktor	Ergebnis
Pers. Vorschriften	Kleidung	2	1	2
	Essen	2	1	2
	Sexualität	2	1	2
	Religions-Ausübung	2	1	2
	Heirat/ Partner-wahl	2	1	2
Gesell. Akzeptanz.	der Verfassung	2	2	4
	naturw. Erkenntnisse	2	2	4
	ggü. Anders- gläubi-gen/- denkenden	2	2	4
Geschlecht (50% d. Bevölkerung)	Stellung d. Frau ggü. Mann	2	4	8
			Summe	30

Erklärungen zur Punktevergabe

0-Punkte

- bei völliger oder fast völliger Reglementierung
- bei keinen oder fast keinen individuellen Entscheidungsmöglichkeiten
- bei massiven Vorgaben durch religiöse Vorschriften oder Autoritäten
- wenn das Äußern von Zweifeln eine Gefährdung beinhaltet
- wenn bei der Ablehnung religiöser Positionen mit Sanktionen zu rechnen ist

2-Punkte

- wenn es keine oder kaum Vorschriften gibt
- wenn jeder seine religiösen Entscheidungen nach den eigenen Überzeugungen treffen kann
- wenn religiöse Zweifel offen geäußert u. diskutiert werden können
- wenn eine Ablehnung religiöser Vorgaben keine Sanktionen bewirkt

1-Punkt

- kann in der Bewertung gegeben werden, wenn nach persönlicher Einschätzung weder komplette Ablehnung und Restriktion, noch völlige Freizügigkeit empfunden wird.

Mindestanforderungen für die Umsetzung demokratischer Prinzipien ergeben sich ab einem Wert von Zwanzig.

Beispiel 2

Religion:	Islam	Richtung:		Salafismus

Bereiche	Kriterien	Eingabe (2,1,0)	Faktor	Ergebnis
Pers. Vorschriften	Kleidung	0	1	0
	Essen	0	1	0
	Sexualität	0	1	0
	Religions-Ausübung	0	1	0
	Heirat/ Partner-wahl	0	1	0
Gesell. Akzeptanz.	der Verfassung	0	2	0
	naturw. Erkenntnisse	0	2	0
	ggü. Anders- gläubigen/- denkenden	0	2	0
Geschlecht (50% d. Bevölkerung)	Stellung d. Frau ggü. Mann	0	4	0
			Summe	00

Teil III

Schlussbemerkungen

Drei Bücher und Ockhams Handwerkszeug

Es sind nun fast 10 Jahre vergangen, in denen ich an meinem Buch geschrieben habe. Mal mit kürzeren, mal mit längeren Pausen. Wie es Beruf und Privatleben ermöglichten. Daran hat sich bis heute nichts geändert. Während dieser Zeit blieb ich „buchabstinent", nahm kein Sachbuch zu diesem Thema in die Hand. Zu Beginn des fiktiven Interviews nenne ich zwar Richard Dawkins´ Buch „Der Gotteswahn", las aber nur das Inhaltsverzeichnis. Die Nennung des Titels sollte als Aufhänger für den Beginn dienen. Ich wollte nicht in das „Fahrwasser" anderer Autoren gelangen, die mich von meinen eigenen Gedanken abbringen könnten: Das Buch wäre sonst ein anderes geworden!

Durch die Ferne fremder Gedanken entwickelten manche der von mir durch meinen fiktiven Interviewer gestellten Fragen ein Eigenleben: Sie brachten mich nicht nur einmal zu längerem Nachdenken, ehe ich mit der gefundenen Antwort zufrieden war. Das hatte etwas sehr Spannendes und war eine hoch interessante Erfahrung! - Das Nachschlagen von Fakten und Begriffen, die Nutzung einiger Zitate, die meine Position stützten oder dafür eine Anregung gaben, natürlich ausgenommen.

Trotz aller meiner dargelegten Überzeugungen blieb immer ein Rest Zweifel an der eigenen Position und Verunsicherung, ob nicht doch handfeste plausible Belege für einen göttlichen Ursprung der heiligen Texte in einem Buch benannt werden könnten.

Nachdem ich die Arbeiten am Buch im Wesentlichen beendet hatte, suchte ich nach seriösen, also anerkannten Autoren, die sich mit meinen behandelten Themen auseinandersetzten, wenn auch mit ihren eigenen thematischen Schwerpunkten und gedanklichen Ansätzen. So fand ich eine Autorin und zwei Autoren, die mit ihren Büchern zu diesem Bereich mein Interesse weckten, wobei für mich reizvoll und spannend war, dass sich keiner von ihnen als überzeugter und beinharter Atheist bezeichnete. Es stellte sich für mich die spannende Frage: Wie würden sie sich zum Thema äußern?

Es geht um folgende Bücher, die auch im Anhang dieses Buches genannt sind:

Christian Schüle: „Die Bibel irrt". Schüle hat u.a. Philosophie und Theologie studiert und ist auch als Journalist tätig. Das Buch beinhaltet die Auseinandersetzung mit den großen Mythen des Alten Testaments, somit auch der sog. hebräischen Bibel, dem Tanach. Für mich bemerkenswert, dass der Autor im Titel keine Frage stellt, also „Irrt die Bibel?", sondern eine eindeutige unmissverständliche Aussage formuliert!

Johannes Fried: „Kein Tod auf Golgatha-Auf der Suche nach dem überlebenden Jesus". Fried ist ein anerkannter Wissenschaftler mit dem Schwerpunkt Mittelalter. Er beschreibt sich selbst als geborenen Christen, da sein Vater Pfarrer war. In religiösen Fragen sieht er sich heute als Agnostiker. Fried versucht auf der Grundlage neuer medizinischer Theorien den Tod Jesu am Kreuz infrage zu stellen.

Laila Mirzo: „Nur ein schlechter Muslim ist ein guter Muslim!". Mirzo stammt aus Syrien, lebt heute in Österreich und konvertierte aufgrund ihrer Erlebnisse und Wahrnehmung des Islams zum Christentum. Durch den, wie ich finde, recht provokanten Titel soll zum Ausdruck gebracht werden, dass die gegenwärtig dominante orthodoxe Auslegung des muslimischen Glaubens auch Schattenseiten hat, da sie Rechte anderer einschränkt oder teilweise sogar missachtet.

Ich schlug jedes Buch mit Spannung, ja einer gewissen Aufgeregtheit auf. – Es muss ja nicht jedem so gehen. - Aber was würde in ihnen beschrieben sein?

Lässt sich das auf das Judentum bezogene Alte Testament wirklich so radikal in Frage stellen, wie es der Buchtitel „Die Bibel irrt" ankündigt? - Kann der Tod Jesu am Kreuz, eben auf dem Hügel Golgatha, wirklich überzeugend mit einer neuen Geschichte, mit einer nachvollziehbaren neuen Interpretation verbunden werden, in der er überlebt hat? - Und lässt sich die Glaubwürdigkeit und Echtheit z.B. der Erzählungen über die Handlungen und Anweisungen Mohammeds in den sog. Hadithe ernsthaft in Frage stellen?

Es gibt ein eindeutiges Fazit: Keiner meiner Zweifel konnte hinsichtlich der Existenz eines Gottes oder zumindest einer durch einen Gott inspirierten Textgestaltung ausgeräumt werden - im Gegenteil! Die Angaben der Bücher machen eher plausibel, dass die heiligen drei Bücher – ohne dass die drei Autoren in ihren Büchern selbst diesen Schluss ziehen – ohne göttlichen Einfluss entstanden und verbreitet sein können.

Im Rahmen dieses Buches kann es nicht um eine vollständige Erfassung aller Facetten der zitierten Bücher gehen. Ich möchte hier nur knapp auf einige, für meine Überlegungen relevante Punkte eingehen.

Christian Schüle reist als anerkannter Fachmann in diesem Themenbereich zu den Hauptschauplätzen der biblischen Mythen und spricht mit ausgewiesenen jüdischen und christlichen Bibelkennern. Schüle will herausbekommen, was an den Geschichten des Alten Testaments dran ist: U.a. sucht er nach Noahs Arche und Belegen zur Sintflut, kümmert sich um die so bedeutsamen biblischen Figuren Moses und David und recherchiert nach der sog. Bundeslade, die die 10 Gebote beinhaltet…Und… eines schwebt natürlich immer im Hintergrund - bei allen Fragestellungen und Erkundungen: Was ist eigentlich mit Gott?

Zu welchen Ergebnissen führen also die Recherchen vor Ort und seine Interviews? Der israelische Bibelforscher Emanuel Tov von der Hebräischen Universität in Jerusalem wird zu Gott mit den Worten zitiert: „Wir Menschen haben unsere Ideen auf Gott übertragen und Gott nach unseren Vorstellungen geschaffen!" (S.17)

Ich könnte mir vorstellen, dass ein Jugendlicher, der sich mit religiösen Themen beschäftigt, an dieser Stelle schlichtweg „krass!" sagen könnte. Wird hier die Existenz eines Gottes nicht völlig in Frage gestellt und - eben, wie in meinen Überlegungen - zu einer bloßen Idee, die aber viel bewegen kann, so wie der von mir beschriebene Placebo-Effekt?

Wenn man den Worten und Ergebnissen des Buches Glauben schenken kann, dann ist es sogar möglich, und zwar recht genau, den Zeitpunkt zu benennen, an dem „Gott" seinen Anfang hat. (Zu so einer eindeutigen und weitreichenden Aussage hätte ich mich als Atheist niemals vorgewagt.)

Es geht um das Jahr 622 v. Chr. Josia, der von den Bibelautoren hoch gelobte und als sehr talentiert beschriebene junge König will den gängigen Glauben seines Volkes an die Macht kleiner weiblicher Figuren beenden und ihn durch den an den Einen und Einzigen Gott ersetzen. Da Josia mit seinen angewandten Strategien äußerst erfolgreich ist, beginnt der Monotheismus durch ihn seinen Siegeszug und präsentiert sich für die nächsten Jahrhunderte in Gestalt eines Jahwe, dem jüdischen Wort für Gott. Das Motiv für diese kulturelle Großtat lag u.a. in dem Ziel, die vereinzelten Stämme hinter dieser großen Idee zu einen und *ein* Volk werden zu lassen: Aus einer Vision wurde Realpolitik.

Über den Beginn und den Ort der Bibelaufzeichnungen scheint es auch in der Bibelwissenschaft unstrittige Befunde zu geben (S.14f). Ort des Geschehens: der Tempel in Jerusalem. Die Erfinder der Geschichten: Priester, Militärbeamte, königliche Chronisten, eben diejenigen, die schreiben konnten. Man schätzt ihre Zahl auf ca. 50 Menschen der rund 3000 Einwohner Jerusalems des 6. Jahrhunderts v. Chr. Die Texte wurden jedoch bis ins 2. Jahrhundert immer wieder bearbeitet und ergänzt. Die Geschehnisse, von denen berichtet wird, liegen dann schon 500 Jahre zurück.

Was für ein Zeitraum! Was wissen *wir* aus heutiger Sicht über die zurückliegende Zeit von vor zweihundert, dreihundert oder eben fünfhundert Jahren? Und wie viel Wissen ist uns über diese Zeiträume verloren gegangen? Trotz Buchdruck und einer wesentlich größeren Zahl an Menschen, die etwas aufzeichnen konnten, als in den Jahrhunderten vor unserer Zeitrechnung!

Interessante Informationen gibt es auch zur Person Mose. Zu ihm soll Gott, als einem der wenigen, direkt gesprochen haben. Solch ein außergewöhnliches Ereignis wird als Theophanie bezeichnet. In dieser äußerst exklusiven Situation soll Mose die Zehn Gebote übermittelt bekommen haben: Auf dem Berge Sinai, zu dem jährlich Tausende pilgern, um bei Sonnenaufgang die biblische Atmosphäre dieses Ortes zu erleben und um Gott möglichst nah zu sein.

Es ist eine großartige Geschichte!

Aber was haben die religiösen Gelehrten dazu zu sagen? Es wird als ausgeschlossen angesehen, dass es jemals eine reale Person Moses gegeben hat (S.141). Der Berg Sinai wird als Übermittlungsort für die Gebote ausgeschlossen. Zu alledem gesellt sich ein Lebenslauf, der sich in mehreren Versionen und mit vielen beeindruckenden Übereinstimmungen in den Details schon Tausend Jahre vor der Bibeldatierung findet: Der spätere König Sargon I.. wird von seiner Mutter in einem mit Bitumen gegen das Wasser geschützten Korb ausgesetzt, gefunden, von Stiefeltern großgezogen und bekleidet im Erwachsenenalter eine gesellschaftlich herausragende Position. (S.140)

Man könnte meinen, ein Atheist hätte das Buch geschrieben, um den Glauben zu verwirren. Wenn Moses nicht existiert haben soll, können dann die 10 Gebote von Gott kommen? Und existiert dann der Urheber der Gesetzestafeln?

Es scheint völlig unnötig hier noch mit William von Ockhams intellektuellen Werkzeugen zu arbeiten: Alle Buchinhalte sind schon auf das Wesentliche reduziert und belegt. Es werden in der Untersuchung und Widerlegung der biblischen Mythen keine unwahrscheinlichen Voraussetzungen konstruiert, aus denen dann fragwürdige Schlussfolgerungen gezogen werden könnten. Nein, der Gedanke des Buchtitels wird gut und überzeugend belegt: „Die Bibel irrt"

Viel spekulativer sind da die Überlegungen von Johannes Fried zum Neuen Testament. In seinem Buch geht es um zwei Schwerpunkte: Zum einen wird erörtert, ob Jesus wirklich am Kreuz gestorben ist und nach seiner Grablegung gen Himmel auferstanden ist, oder ob er die Kreuzigung überlebt hat und nach seiner relativen Gesundung nur aufgestanden ist, um die Grabhöhle auf seinen Füßen zu verlassen. Und zum anderen, wenn er wirklich nur aufgestanden sein sollte, wie dann sein weiterer Lebensweg ausgesehen haben könnte? Für seine Argumentation zieht er unterschiedlichste Quellen heran, bis hin zum Koran.

In meinen Schlussbemerkungen geht es nur um den Teil in Frieds Buch, der die Frage behandelt, inwiefern es eine nachvollziehbare medizinische Erklärung gibt, die es möglich erscheinen lässt, dass Jesus tatsächlich die Kreuzigung überlebt haben könnte.

Wie soll sich nun das Überleben Jesu zugetragen haben?

Zum Verlauf: Die nach der Verkündung des Todesurteils beginnenden Misshandlungen durch die Söldner sollen zu inneren Verletzungen im Brustraum von Jesus geführt haben. Es wird vermutet, dass bei den Geißelungen Rippen gebrochen wurden, die zu Flüssigkeitseinlagerungen aus Blut und Wasser und – als Folge - zu Problemen bei der Atmung führten: Als Beleg wird herangezogen, dass Jesus trotz seines jungen Alters das ihm auferlegte ca. 50 Kilogramm schwere Holzkreuz nicht tragen konnte. Dies übernahm ein Jünger.

Im weiteren Verlauf der Hinrichtung vergrößerte sich diese Flüssigkeitsansammlung mit der Folge, dass durch den Sauerstoffmangel in der Lunge ein erhöhter CO_2-Gehalt im Blut eintrat, der wiederum zu einer narkotisierenden Wirkung führte: Jesus war bewusstlos, seine flache Atmung nicht zu erkennen, was bei den Söldnern zu der Fehleinschätzung führte, das Todesurteil sei vollstreckt. Zur Absicherung dieser Vermutung stach ein Söldner mit der Lanze zwischen die Rippen, was zu der auf vielen Jesus-Darstellungen zu erkennenden tiefen Wunde am Brustkorb führte.

Dieser Lanzenstich bewirkte jedoch etwas Gegenteiliges, denn aus medizinscher Sicht ist dies exakt die anzuwendende Therapie (der Fachbegriff dafür heißt Punktion und wird dann natürlich mit einer sterilen Kanüle durchgeführt), wenn es zu einer massiven Flüssigkeitsansammlung im Brustkorb z.B. durch einen Unfall gekommen ist: Wasser und Blut können abfließen und nach einiger Zeit verringert sich das CO_2 im Gehirn, somit schwindet auch nach und nach die Bewusstlosigkeit.

Die Fehldeutung des vermeintlichen Todes führte zudem zu einer vorzeitigen Abnahme vom Kreuz, was das Überleben weiter begünstigte. Ferner wird von einer späteren Behandlung u.a. mit Myrrhenzweigen durch Jesus wohlgesonnen Menschen berichtet. Den Zweigen wird ebenfalls eine belebende Wirkung zugesprochen, was bei einem leblosen Menschen keinen heilenden Effekt mehr haben und nicht angewandt werden würde.

Somit gibt es eine nachvollziehbare Indizienkette, die das Überleben des Religionsstifters ermöglicht haben könnte: Die biblische Überlieferung als Handlungshintergrund, verknüpft mit einer medizinischen Deutung.

So, und in sehr knapper Zusammenfassung, die Beschreibung Frieds nach dem Johannes-Evangelium, der sich für seine Ausführungen auf medizinische Überlegungen zweier Ärzte stützt[8]

Was kann man nun damit anfangen?

Steckt hier ein „atheistisches Potenzial", das in den Bereich des Glaubens hineinreichen und die vorherrschenden Überlegungen und Glaubensgrundsätze vom *Auferstehen* weg, hin zum schlichten *Aufstehen* verändern könnte? Gläubige Menschen wollen sich natürlich ihren Glauben, ihre Überzeugung nicht nehmen lassen, wie jeder andere auch, sofern entgegengesetzte Positionen überhaupt die Überzeugungskraft dazu besitzen. Dies liegt darin begründet, dass der Glaube eine weit größere Bedeutung für die innere Stabilität besitzt, als die Erkenntnisse der verschiedenen Wissenschaften. Letztere zielen mit ihren Fragen und Untersuchungen immer eher auf den Intellekt: unbefriedigend für die Empfindung und die emotionalen Bedürfnisse. Dies ist ein dauerhaftes Manko jeglicher am Intellekt orientierter Aufklärung. Aber sie muss deshalb nicht falsch sein!

Um die äußerst fundierten Überlegungen des Autors von „Kein Tod auf Golgatha" in Zweifel zu ziehen, wurde ihm von einem Vertreter aus der katholischen Glaubensrichtung eine – Zitat - „spekulative" Vorgehensweise vorgeworfen. Dem würde Herr Fried wohl nicht widersprechen, da er selbst im Buch von einem intellektuellen Wagnis ausgeht, das jedoch auf der Grundlage eines höchst interessanten neuen Ansatzes aus medizinischem Blickwinkel geschieht.

Entsteht hier aber nicht die Frage, ob diese Kritik nicht auch umkehrbar sein kann und die Kritiker selbst trifft? Glauben heißt per se *nicht wissen*, wodurch die Zuordnung, etwas sei *spekulativ*, doch in jedem Fall auch auf die Texte der Bibel zutrifft. In Kirchenpredigten oder Beiträgen von Geistlichen in den verschiedenen Medien wird immer wieder beschworen, dass der Glaube verlangt, an die biblischen Darstellungen zu glauben, auch wenn es keine wirklichen Belege dafür und letztlich auch keine für einen Gott gibt. Ist es ein Glaube ohne Grundlage, da man ja glauben muss, ohne etwas tatsächlich zu wissen?

Mir ist das nicht möglich.

Eigentlich könnte mich das doch sehr froh stimmen, ich könnte vielleicht sogar geradezu frohlocken, hinsichtlich der Ausführungen in den hier behandelten Büchern, aber ich war mehrmals erschrocken über die Inhalte, die mir keinen - nicht einmal einen ganz kleinen - Ansatz gaben, der Vorstellung eines Gottes eine ehrliche Chance zu geben. Was müssen Menschen mit sich alles tun, um diese Vorstellung vor sich aufrechterhalten zu können? Es gibt Gründe, das verstehe ich. Sie sind schwerwiegend, keine Frage. Dann kommt jedoch in meiner Auseinandersetzung mit dem Glauben an einen Gott regelmäßig: Aber, wie kann man nur trotzdem …

Zurück zur konkreten Auseinandersetzung mit Johannes Frieds Buch. Es ist spekulativ, ebenso, wie es die Geschichten um Jesus im Neuen Testament sind. Etwas anderes lässt sich nicht sagen: Die ersten Aufzeichnungen gibt es erst eine Generation nach seinem Tod. Es „stricken" unterschiedlichste Personen über Jahrzehnte hinweg am Image des Propheten. Er wird in außerbiblischen Quellen kaum erwähnt und wenn, dann nicht in der Präsenz und Bedeutung, die ihm in der Bibel gegeben wird. Zusammengefasst in den Worten der Spiegel-Zeitschrift über Jesus von Nazareth von 2011 (Nr. 6, S. 34): "Wer dem Mann (…) begegnete, hat nichts über ihn aufgeschrieben. Wer über ihn schrieb, ist ihm nicht begegnet. Und wenn es Gott war, der die Evangelisten inspirierte, dann hat er ihnen eine ziemlich widerspruchsvolle Geschichte in die Feder diktiert."

In der Frage, ist Jesus nun *auferstanden* und am dritten Tage nach seiner Kreuzigung gen Himmel gefahren, oder ist er nach ausreichender Pflege und Unterstützung nur *aufgestanden*, scheint die letztere der beiden Möglichkeiten durchaus das Potenzial zu besitzen, sich gegen die erstere durchzusetzen.

Auch wenn Wilhelm von Ockham durch und durch Kirchenmann war und damit tief gläubig gewesen sein wird, könnte es ihm heute - was natürlich rein spekulativ ist - ein gewisses Vergnügen bereiten, sich der irdischen Variante der Spekulationen über Jesu' unaufgeklärtes Verschwinden anzuschließen.

Warum?

Auch zur Zeitenwende werden Naturgesetze nicht außer Kraft gesetzt worden sein, wenn man dazu bereit ist, das ewige Werden und Vergehen als nicht durchbrechbaren Entwicklungszyklus zu verstehen. So liegt wohl eine höhere Plausibilität in der Annahme, dass das leere Grab nicht durch eine Himmelfahrt entstanden sein wird, sondern eher durch natürliches Verlassen durch den Höhlenausgang, und der Mythos der Himmelfahrt dürfte aus sehr irdischen Interessen verbreitet worden sein. Die, die davon berichten, waren jedenfalls nach einhelliger Meinung nicht bei dem Geschehen zugegen und hätten Zeugnis ablegen können! Auf diese Weise würden sich doch alle Puzzleteile, was das Geschehen selbst und seine anschließende Kolportage angeht, relativ gut ineinanderfügen lassen: Es gab ein Interesse, den Mythos der Himmelfahrt entstehen zu lassen! - Mit großem Erfolg!

Laila Mirzos radikale Auseinandersetzung mit dem Islam ist kein Thema dieser abschließenden Bemerkungen. Es geht also nicht um eine bestimmte Auslegung des Islams, ob er eher kritisch zu betrachten sei oder ob man ihn ausschließlich wohlwollend interpretiert.

Ähnlich, wie in Christian Schüles Recherchen zu den Überlieferungsketten der Geschichten im Alten Testament, soll es um die – eigentlich undramatische - Auflistung der Überlieferungshistorie der Hadithe gehen.

Während der Koran die Offenbarungen des Erzengels Gabriel an Mohammed beinhaltet, finden sich die gesammelten Hadithe in der Sunna, was nach Mirzo auf Arabisch „überlieferter Brauch" bedeutet. Koran und Sunna sind die verbindlichen Grundlagen für alle Muslime.

Was wird nun unter einem Hadith oder den Hadithe verstanden? Sie sind vielleicht vergleichbar zu Tagebucheinträgen, in denen das Denken und Handeln Mohammeds aufgezeichnet ist. Er selbst hat jedoch dazu nichts Schriftliches beigetragen. Es gab auch keinen Chronisten, der - wie z.B. Einhard bei Karl dem Großen - die Gedanken und Taten Mohammeds innerhalb seiner Lebenszeit dokumentierte. Dies geschah alles erst nach seinem Tod. Parallelen zu den Problemen der Jesus-Dokumentation und der Echtheit der Geschichten im Alten Testament drängen sich auf.

Zwischen zehn und vierzig Jahre waren wohl vergangen, bis es die ersten Aufzeichnungen über Mohammed gegeben haben soll. Im Wesentlichen wurden die Geschichten über den Religionsstifter jedoch über lange Zeit nur mündlich weitergegeben, sodass erst 150 bis 200 Jahre nach seinem Tod die ersten schriftlichen Sammlungen entstanden (S. 87). Es ist, glaube ich, nicht nötig, große Worte zu bemühen oder große Gedankenbögen zu schlagen, um Zweifel oder auch „Bauchschmerzen" hinsichtlich der

Authentizität zu bekommen: Das Erinnern von Erlebnissen ist mit Eintrübungen verbunden. Vergessen, Hinzufügen, Ausschmücken sind Bestandteile dieses Vorganges. Dies ist bezogen auf ein selbst erlebtes Ereignis! Wieviel bleibt vom wahren Kern, wie immer er auch aussehen mag, wenn an der Übermittlung mehrere Generationen beteiligt waren? Diese Probleme wurden hier im Buch schon thematisiert.

Zur Konkretisierung folgende Daten, die bei Frau Mirza auf Seite 88 verwendet werden: Eine der wichtigsten Hadith-Sammlungen wurde vom Islamgelehrten Buchari (†870 n. Chr.) zusammengestellt. Er hatte in Vorbereitung der Sammlung die Aufgabe, aus ca. 600 000 (andere Zahlen sprechen von einer Million) überlieferten Hadithe eine handhabbare Zahl zusammenzustellen. Über 16 Jahre sind dann 2800 Überlieferungen in 97 Büchern zusammengefasst worden, wobei Buchari Geschichten von 40.000 Personen überprüfen musste. Bei aller Akribie, die ihm unterstellt werden soll, bleibt das Problem und die Notwendigkeit einer subjektiven Auswahl. Anzukämpfen hatte er in seiner Arbeit ebenfalls gegen eine seit Mohammeds Tod entstandene Welle von Hadithe-Erfindungen, die auch gegen Geld geschrieben wurden. Einer von diesen Geschichtenschreibern rühmte sich vor seiner Hinrichtung (†772) damit, alleine 4000 davon geschrieben und veröffentlicht zu haben. Er wurde genau aus diesem Grund hingerichtet.

Wie würde nun - rein hypothetisch und zugegebener Weise etwas augenzwinkernd - Meister Ockham das Ganze betrachten? Er würde vielleicht das gedankliche Rasiermesser zur Seite legen und ersetzen durch den Menschenverstand und sagen, dass bei der ungeheuren Menge an beteiligten Menschen, Zahlen und Zeiträumen, die an dem sehr konkreten und äußerst verbindlichen Ergebnis beteiligt waren, durchaus die Möglichkeit nicht ausgeschlossen werden kann, dass dabei menschliche Fehler aufgetreten sein könnten, die zu dem Satz führen:

Wenn man an einen Gott glaubt,

dann bitte mit Vorsicht!

Mit sehr, sehr viel Vorsicht!

…Nun, Herr Berg…äh…Burgfried, und was würden Sie abschließend zum Thema sagen? Wie wahrscheinlich ist Ihrer Meinung nach jetzt Gott?

Tja, nachdem ich mein Buch gelesen habe (lacht), würde ich sagen, wenn ich es in Prozenten ausdrücken sollte…irgendetwas unter 5 Prozent.

Es könnten also auch null Prozent sein?

Ja. Wer will das schon so genau sagen. Zwar in alle Vorsicht, aber vielleicht hat sich ein Hauch Wissen ergeben.

Und, hat das Göttliche dann überhaupt noch eine Chance?

Ja, wenn es existiert!

Anhang

Personenregister

Abraham 57
Adam 58
Al-Assad, Baschar 116
Allah 77
Atatürk, Kemal 116
Bacon, Francis 133
Buchari 272
Bundespräsident Gauck 148
Bush jr., George W. 44
Darwin, Charles 52, 73, 103, 123, 124
Dawkins, Richard 37, 255
Ditfurth, Hoimar 62, 184
Drewermann, Eugen 84
Einhard 271
Ensslin, Gudrun 151
Epikur 87
Erzengel Gabriel 270
Eva 58
Fliege, Jürgen 122

Freud, Sigmund 72, 73

Fried, Johannes 257, 263, 268

Haffner, Sebastian 48

Hitler, Adolf 48, 137

Hus, Jan 142

Jahwe 260

Jesus 57, 140, 263, 268

Jungfrau Maria 67

Kardinal Marx 63

Karl der Große 141, 163, 271

Kertèsz, Imre 51

König Josia 260

König Sargon I. 262

Kopernikus, Nikolaus 52, 73

Küng, Hans 84

Löw, Joachim 123

Luther, Martin 68, 108, 109

Luxemburg, Rosa 148

Mendel, Gregor 52

Mirzo, Laila 161, 257, 270

Mohammed 140, 161, 270, 271

Moses 57, 261

Müntzer, Thomas 108

Ockham, William 56, 61, 124, 262, 269, 273

Papst Franziskus 115

Paracelsus 54

Pascal, Blaise 207

Patriarch Nikon 214

Potter, Harry 55

Roth, Gerhard 100, 102, 103

Rushdie, Salman 44

Sauerbruch, Ferdinand 97

Schmidt, Helmut 85

Schönberg, Arnold 45

Schüle, Christian 256, 258, 270

Sokrates 163, 226

Sölle, Dorothee 65

Sonnengott Ra 140

Thomas, Dorothy u. William 222

Tov, Emanuel 259

Tucholsky, Kurt 96

Vesalius 54

von Thurn und Taxis, Gloria 208

Wegener, Alfred 74

Williams (Piusbruderschaft) 50

Wolffsohn, Michael 209

Stoff für Zweifelnde

Bücher und Zeitschriften

Platon und das Schnabeltier gehen in eine Bar, T. Cathcart, D. Klein, Goldmann, 2010, Inhalt: Philosophie (u. Gottesfragen) verstehen durch Witze.

Darwin, Jürgen Neffe, München, 2008,
Inhalt: Der Autor reist auf den Spuren Darwins und behandelt parallel die evolutionären Erkenntnisse der Reise.

Nur ein schlechter Moslem ist ein guter Moslem, Laila Mirzo, München, 2018, Inhalt: Die Autorin beschreibt, in welchen Bereichen der Koran mit den westlichen Werten kollidiert.

Die Bibel irrt, Christian Schüle, Hamburg, 2010, Inhalt: Der Autor sammelt systematisch wissenschaftliche Daten, um mehrere biblische Mythen auf ihren Realitätsgehalt hin zu prüfen. Obwohl alle Befragten ausschließlich menschliche Belange ausmachen können, die es göttlichen Einflüssen vollständig entziehen, hält er Gott trotzdem nicht für ausgeschlossen.

Kein Tod in Golgatha – Auf der Suche nach dem überlebenden Jesus, Johannes Fried, München, 2019, Inhalt: Lässt sich durch einen neuen medizinischen Ansatz wirklich die biblische Geschichte vom Tod Jesu am Kreuz neu deuten, mit dem Ergebnis, dass er noch Jahre gelebt und gepredigt hat – und am Ende eines schlichten natürlichen Todes gestorben sein könnte? Eine mit viel Akribie durchgeführte Spurensuche.

Jesus von Nazareth und die Entstehung einer Weltreligion, Der Spiegel-Geschichte, Nr. 6, 2011

Jesus von Nazareth: Der Erwählte, in: Der Spiegel, Nr. 52, 1958

Filme - DVD

Jerusalem-Der Mythos einer heiligen Stadt, 2008, Spiegel-TV Nr.17, DVD, Inhalt: Lässt

Kopfschütteln über das Verhalten von Geistlichen entstehen.

Im Haus meines Vaters gibt es viele Wohnungen, 2009, Inhalt: Das Zusammenleben alleine der 6 großen christlichen Glaubensrichtungen rund um die Grabeskirche ist mit vielen weltlichen Problemen verbunden.

Das Mädchen Wadjda, 2011, sehr unterhaltsamer Deutscher Film, in Saudi-Arabien unter Aufsicht der Religionswächter gedreht. Inhalt: Ein Mädchen in Saudi-Arabien möchte Fahrrad fahren lernen, was nur die Jungen dürfen.

Verteidiger des Glaubens, 2019, Inhalt: Dokumentarfilm über den langjährigen Leiter der Glaubenskongregation Karl-Josef Ratzinger und späteren Papst Benedikt XXIII., die weltweiten Missbrauchsfälle und den erschreckenden Umgang der Katholischen Kirche mit Tätern und Opfern.

Zu sehen im Internet, in unregelmäßigen Abständen auch einmal im Fernsehen oder als DVD zu kaufen.

Fernsehen

speziell: **Nuhr dran glauben**, 2017, Dieter Nuhr, und allgemein viele Sendungen von ihm (Nuhr im Ersten). Es gibt kaum eine Sendung, in der nicht auf religiöse Probleme hingewiesen wird.

Abbildungsverzeichnis

Abbildung 1 - Marmorbruch in Carrara 111

Abbildung 2 – Wolken 114

Abbildung 3 – Himmelsdreieck 127

Abbildung 4 - gefallene Zeitung 128

Abbildung 5 - gefallene Bürste 133

Fotos 1-5: © Klaus Bergfeld (berbercopy)

Anmerkungen

¹ An dieser Stelle sind einmalig Anführungszeichen gesetzt, die die Zweifel an der Existenz repräsentieren sollen. Sie können nachfolgend aber gedacht werden, ohne dass sie sichtbar sind.

² s. Teil II, „Wetten um Gott"- Pascalsche Wette

³ Dazu eine anschauliche Erklärung aus „Platon und Schnabeltier gehen in eine Bar" mit einer Figur der griechischen Mythologie: „Wenn Atlas die Welt auf seinem Rücken trägt, auf wem steht dann Atlas?" – „Atlas steht auf dem Rücken einer Schildkröte." – „Aber worauf steht *diese* Schildkröte?" – Auf einer zweiten Schildkröte." – „Und worauf steht diese Schildkröte?" – „Mein lieber Dimitri, *es sind lauter Schildkröten, bis ganz nach unten!*"

⁴ s. Teil II, „Es ist ein Kreuz"

⁵ Eine der vielen Varianten der „Goldenen Regel" findet sich in dem bekannten Reim: „Was Du nicht willst, dass man dir tu, das füg auch keinem anderen zu!".

Sinngemäß zu finden auch im Christentum, Hinduismus, Judaismus, Zoroastrismus, Buddhismus, Konfuzianismus, Islam, Bahai…. (Auflistung aus dem hier benannten Buch: „Platon und das Schnabeltier…)

Noch ein sehr praktisches Beispiel ethisch einwandfreien Verhaltens aus dem Alltag: Verlasse die Toilette bitte so,..!

⁶ Grundlage:
https://de.wikipedia.org/wiki/Kreuzzeichen, https://de.wikipedia.org/wiki/Altgläubige in Russland, https://de.wikipedia.org/wiki/Awwakum

[7] Wer Details dazu lesen möchte, kann dies tun unter https://de.wikipedia.org/wiki/Altgläubige_in_Russland über die Bojarin Morosowa

[8] Wer detaillierter aber ohne die mehrseitigen Erklärungen Johannes Frieds informiert sein möchte, dem empfehle ich den Tagesspiegelartikel vom 21.04.2014 mit dem Titel „Hatte Jesus eine Narkose?" v. Adelheid Müller-Lissner

Über den Autor

Foto: Privat

Mit meinem eigentlichen Name, Klaus Bergfeld, bin ich 1955 in Berlin geboren worden. Für das spezielle Konzept des Buches verwende ich das Pseudonym Claas N. Burgfried. Ich bin ausgebildeter Musiklehrer und unterrichtete von der 1. bis zur 12. Klasse an verschiedenen Schultypen unterschiedlichste Fächer. Ferner studierte ich Sonderpädagogik mit dem Schwerpunkt körperlich-motorische Entwicklung. In diesem Bereich war ich jahrelang als Beratungslehrer im Berliner Bezirk Mitte tätig. Nun bin ich im Ruhestand. Ich bin verheiratet, habe zwei Töchter und vier Enkelinnen.

Meine Verbindung zu den Themen Religion, Gott, Leben und Tod entwickelte sich zu einem großen Teil durch meine Familiengeschichte: Mein Vater ist der einzig Überlebende seiner Familie, die in den letzten Wochen vor Ende des 2. Weltkrieges in Magdeburg durch einen Bombenangriff ums Leben kam. Dieses Trauma beeinflusste auch mein Leben und führte schon in frühen Jahren, wenn auch eher unbewusst, zur Auseinandersetzung mit einigen der im Buch behandelten Fragen.

Im Beruf bestanden Verbindungen zu diesen Themenbereichen durch die an der Schule unterrichteten Kinder und Jugendlichen mit lebensverkürzenden Erkrankungen. Als der Bedarf besonders groß war, wurde von mir ein Gesprächskreis eingerichtet, der den Kolleginnen und Kollegen der verschiedenen Berufsgruppen einen Rahmen zum Austausch über dieses Themenfeld ermöglichte. Im Unterricht ergaben sich durch die unterrichteten Fächer mit Schülerinnen und Schülern unterschiedlicher Religionen häufiger Gespräche zu religiösen und weltanschaulichen Themen.